失敗してもええやん！

― 校則をなくした学校の三年間 ―

西村　重樹

失敗してもええやん！

目次

カバー表イラスト：野田　舞
カバー裏イラスト：杉原晴香
第１章イラスト　：大城晴也
第２章イラスト　：赤﨑彩華
第３章イラスト　：野田　舞

はじめに

　これは一九九九年四月に開校し二〇〇四年三月に閉校した、ある学校での三年間を教師として過ごした私と生徒たちの軌跡を描いたものである。

　この学校の前身であるK専門学校は、一九八三年に中学校卒業後に進学する後期中等教育の学校として設立された。六年後の一九八九年には生徒数が七百名を超え、経営は順調であった。しかし教職員の労働条件は劣悪で、その改善を求めて教職員と経営者が激しく対立することとなった。やがて解雇、裁判にまで発展し、ついにK専門学校の経営者は廃校の方向を打ち出した。

もちろん教職員は納得せず、経営者と何度も交渉を重ねた。ここでは詳細は省くが、最終的にはこの学校の運営すべてを教職員が担うということになった。だがこの時、少子化の時代に入り生徒数は百名を切っていた。立て直しは容易ではないが、教職員たちはこの事実を受け入れるしかなかった。

こうして一九九九年四月、K専門学校は校名を「秋桜《しゅうおう》専門学校高等課程」と改め、再出発した。未来に不安を抱えての船出であったが、教職員は自分たちの意欲を活かして自由に学校運営ができることに大きな喜びを感じた。

学校は、大阪府南部に位置し、西には二色ノ浜、東には葛城山がそびえ立つ風光明媚な地にある。夏には「太鼓台祭」でみこしを担ぎ、秋には「だんじり祭」で四トンを超えるだんじりを引くという、祭の盛んな地域である。若者たちは、各地域で青年団に加入し、祭をはじめ町内清掃などのボランティア活動、盆踊りや運動会などの行事に貢献している。

その反面、若者による迷惑行為も多かった。当時は、十一月三日には『イレブンスリー』と呼ばれる暴走をはじめ、何らかの記念日には各地の暴走族が結集し、深夜に爆音をあげ国道を暴走した。現在ではほとんど見ることはないが、多い時には百台を超えるバイクが集結していて、これにも多くの若者たちが参加していた。また、大麻をはじめ、様々な薬物やシンナーなどがすぐ近くにあり、それに染まってしまう青少年も少なくない。血気盛んな若者たちは、自分の度胸を試されているかのように暴力や暴走、薬物などに巻き込まれていく。このようなことが多くの中学校や高等学校でも問題となっていて、K専門学校にもこのような子が少なからず入学してきていた。K専門学校だけでなく、多くの高校が校則での縛りを強化して子どもたちを押さえつけようとしていた。

しかし私たちは、新しい学校の運営に向け、その真逆と言えるような方針を立てて新しい生徒を迎えることを決意した。K専門学校では、校則や処分をちらつかせて生徒を脅し取り締まる指導が当たり前だったが、秋桜専門学校ではそれを一八〇度転換し、「いかなる場合においても処分せず、生徒たちに寄り添う意識を持つ」こととした。そして議論を重ね、校則を廃止した。制服もなくした。

「競争、強制、体罰、処分のない学校」の誕生であった。

学習内容も大きく変更した。文部科学省が定める教科科目以外に、学校独自の科目を数多く設定した。総合学習の充実をはかった。各教員の特技を生かした科目や校外での授業や活動も多く取り入れも、生徒と教員が授業を通して生き生きとやり取りができるようにした。

教員が変われば学校が変わる。学校が変われば生徒も変わる。校則なんか無い方が生徒たちも生き生きするはず。教員もこれまでのように無意味なルールを生徒たちに押し付けなくてよくなり、生徒たちと余計な衝突をしなくてすむ――と期待に胸を躍らせた。

何より教職員たちは、生徒たちを厳しく監視・監督することも、管理職から管理されることもなくなり、自由に意見を交わせることを喜んだ。私たちの夢を乗せて学校は意気揚々と発進した。

しかし、事は簡単には運ばなかった。子どもたちの奇想天外・予測不能な行動に振り回される日々が続いた。私たちは、それまで持っていた教師としてのプライドを捨て、生徒たちと対等の立場であることを意識し、互いに学び合い、成長し合うための関係づくりを求めて歩み出した。

秋桜専門学校は、設立した年に入学した彼らが卒業した二年後に廃校となったが、二〇〇二年に「秋桜高等学校」が新設され、私は校長として二〇二三年の定年までそこで働いた。その精神は、現在も脈々と生きている。

本書では、クラスの三年間を追いながら、主に次の二つのことをみなさんと考え合いたい。

1　学校は、「先生は教え指導する人、生徒は学ぶ人」の関係から、「先生も生徒も互いに学び合いともに育ちあう」関係となり得るのか。

2　みんなで考え合い悩みながら作ってきたこの学校が残したものは何か。

第一章　大人の声は聞こえない

1　個性むき出しの新入生を迎えて

一九九九年四月六日入学式。秋桜専門学校は男子二十八名、女子三名、合わせて三十一名の新入生を迎えた。前身のK専門学校から在籍している生徒が二年生に約三十名、三年生に約四十名いたが、彼らは式には出席していない。教職員は、校長のほか、教頭一名、教員八名、事務長一名、事務パート二名、合わせて十二名であった。式には、そのすべてが出席した。校長は法人の理事長と幼稚園の園長も兼務していた。普段は、ほとんど学校に来ることはないが、入学式と卒業式には式辞を述べるために出席した。

前年度までのK専門学校では、校則の規定で、制服着用、頭髪は黒と定められていた。よって、体育館は一面黒というのが入学式の光景であった。ところが、制服・校則が廃止されたことにより、今年は自由な服装、色とりどりの頭髪で参加している生徒が多く見られ、とてもあでやかな光景であった。「どのような格好で参加してもいい」とはしたものの、見慣れぬ光景に誰もが驚いた。

圧倒的に男子が多く、女子は三人のみ。その三人の女子のうち二人の髪は黄金色に輝き、目立っていた。つい先月まで中学生であったとはとても思えなかった。

男子たちは他の様子を伺うかのように整然としていた。その中に長身でひときわ目立つ生徒がいた。その子の名は「ミヤジ」。彼はこの地域ではヤンキーたちから一目を置かれるほどの存在であった。彼の噂はほかの生徒にも届いていたのだろう。だから、静かにしていたのかもしれない。

そのような中、入学式は教頭の司会ではじまり、校長の式辞、教務部長と事務からの連絡など、前年度までとなんら変わらぬ形で粛々とすすめられた。学校改革をし、これまでにない学校の形でスタートしたはずなのに、新鮮味のないなんてつまらない入学式だ、と思ったのは私だけではなかったと思う。業務に追われ余裕がなかったとはいえ、このような形で生徒を迎えたことを後悔した。来年度はこのままではいけないなと、一つ課題ができた。

式が終了し、新入生と私は教室に入った。担任は私、しげきである。出席番号順に席に着いてもらった。そして、そっと教室前方の扉の前に立ってみんなの様子を眺めた。

ミヤジは腕組みをしてどっしりとすわっていた。しばらくして、数人が口々にしゃべり出した。その中に「ツヨシ」がいた。ツヨシは他の生徒に、「お前、どこの中学から来た？」、「○○のこと知ってる？」などと話しかけていた。知り合いも数人いるようであった。ツヨシにつられるかのように多くが口々に話し出した。よく見ると、話している子とまったく話そうとしない子に二分されているように感じた。

ミヤジは相変わらず腕組みをして一点を見つめていた。彼には誰も、からもうとしなかった。様々な声が聞こえだした中、「しげき兄ちゃん、いつまでこんなことしてるんや？」という声がした。声の主は私の甥っ子の「ハヤト」で、彼も新入生である。私のことを幼いころから「しげき兄ちゃん」と呼んでいた。

「もうあきたわ、早く終ろうや」とツヨシが言った。「そうやなぁ、みんなの話聞いてたら、やること忘れてたわ」と答えると、「もう、しっかりしてや。先生が話さんと終わらんや。先が思いやられるわ」とツヨシが笑った。みんなも笑った。ツヨシは今後、クラスのムードメーカーになるだろうと感じた。

その後、明日の予定を告げ、少しの時間、みんなの言葉を拾いながら会話を楽しもうと、できるだけたくさんの子に声をかけてみた。声の小さい子にはその子のそばに行き、声を聞くことにした。それでもなかなか声に出せない子がいた。そんなときは、必ずツヨシが私のことばを拾い、その子になり替わるようにして話してくれた。それがみんなの笑いを引き出した。おとなしい子の代弁をしてくれているというよりも、自分がしゃべりたいのが分かる。彼の独壇場になることも多かった。時折、ハヤトが、「お前には聞いてない」、「お前がしゃべりたいだけやんか」など突っ込んで、それがまたみんなの笑いを誘った。二人のおかげで終始和やかな雰囲気で進めることができたが、最後までほとんど笑顔を見せなかったミヤジのことは気になった。

入学者の多くは「普通科の高校へ進学したかったが、成績が悪過ぎて行かれへんかった」などと言う。やむを得ずこの学校を選んだ、いわゆる『不本位入学』が多いと言える。基礎学力不足、非行、対人関係が築けない、発達特性がある、情緒不安定、家庭環境が複雑であるなど、多くの子が様々な課題や悩みを抱えていた。

暴力、暴走などを繰り返し行い、教師の言うことはまるで聞かず反抗反発を繰り返し、中学校では指導困難と位置づけられている子も少なくなかった。みんなが一緒に仲良くやっていくには、ひと工夫もふた工夫も必要であることを感じた。私は、以前のような退学者を出さないためにも、このクラス運営が今後の学校運営の基盤を作るだろうと、新たな意欲が芽生えた。

五月に入り、二人が早々に退学した。一人は、「目標だった暴走族を立ち上げるので学校に来る暇はない」という理由で、もう一人は、「思っていた学校とは違う。他の学校へ入り直す」と退学した。私や家族、周りの説得に耳を傾けることもなく二人は足早に学校を去って行った。男子二十六人、女子三人、合わせて二十九人となってしまった。

一か月で二人も退学者を出してしまった。なんとかして止められなかったか、もっと二人と話していたら違ったかな、などの様々な思いが脳裏を駆け巡った。そして、「これからは一人の退学者を出すこともなく卒業の日を迎えたい」と強く思った。

この頃、クラスの中にいくつかのグループができてきた。これはこれまでのK専門学校時代にもよく見られた光景なので珍しくはないが、今年は少し違う。いつも見られるような勢力争いがまったくみられない。金髪の女子たちが上手に男子たちとからみ、クラスが和み、笑顔も多く見られた。女子と直接からむ子、その様子を見て笑う子などとても良い雰囲気を感じた。ツヨシがボケるとすかさず金髪の女子ユウとメイが突っ込む。みんなが笑う。私がボケるとすかさずツヨシをはじめとしてあちこちから突っ込みが入る。そしてついにあのミヤジも笑った。笑いをみんなが意識するようになった。教室のあちこちで、吉本新喜劇なみのボケと突っ込みが見られた。

Ｋ専門学校にあった校則のままだったら、私たちは頭髪の注意から始まり、それぞれの態度や言葉遣いまで指導することになるだろう。校則がなくなり「生徒指導」という言葉も使わなくなった。クラスで校則が話題に上った時、「校則は先生や学校を守るだけで、俺たちを守ってくれへん」とある生徒が言った。私たちは、「無意味な校則は最悪のいじめである」と位置づけて廃止したのだった。私は、とにかくミヤジの笑顔に出会えて嬉しかった。

五月が終わろうとする頃には、みんなのことがよく見えてきた。

言葉が出てこない、場面緘黙と思われる「ギンタ」、どんなことに対しても表情を変えない「シズヤ」、対人関係がうまく築けない「タツオ」の三人がつながった。ギンタが言いたいことはタツオが理解しているようであり、シズヤとのつなぎ役をしていた。他の人が近づくとギンタとシズヤは固まってしまう。私がギンタに話しかけたときには、タツオがギンタの思うことや言いたいことを伝えてくれるので、間接的ではあるがなんとか会話は成立した。他の人にからかわれたり、いじめられたりしないかと心配をしたが、そのようなことはまったく見られなかった。無口な子も、よくしゃべる子も、みんなでこの学校を一緒に楽しんでほしいと強く思っていたので上々のスタートであった。

普段よくあるつまらないことや失敗してしまったことなども笑いに変えてしまう生徒たちの力を感じた。この力を引き出せる環境はこのクラスにはある。たわいもない冗談が生徒同士、私たち教職員と生徒たちをつなぐ潤滑油となっている。このことを意識し、クラスの雰囲気とそれぞれの関係づくりを大切にしたいと思った。

そしてこれは私だけの思いではなく、クラスのみんなの思いであると感じた。しかしやがて、「どこまでなら冗談として許されるのか」、「先生たちの包容力はどれぐらいあるのか」などを私たちは試されることとなった。想像を超えた奇想天外な行動に悩まされる「未来への旅立ち」の始まりであった。

2 「火事や！　避難や！」

五月も終わろうとするある日、私は三階の教室でいつものように授業をしていた。校舎は三階建てで、一階には職員室、事務室、ベッドが二つ置いてあるだけの保健室、応接室、柔道場、バスケットボールのコートが一面だけ取れる狭い体育館などがある。二階にはパソコン室が一つ、教室が三つ、三階には教室が六つある。一年から三年までの五クラスはすべて三階にあった。学校には校舎が一つあるだけで、グラウンドや中庭など生徒が集える場所がない。

私が担当する教科は、数学と総合学習である。この日は一年生の数学の授業を行っていた。生徒たちに「一番苦手な教科は？」と尋ねると、多くが口を揃えて「数学」と答える。しかも「数学の先生が一番嫌いやった」という子も多かった。なかには九九ができない子もいる。「数学」と聞くだけで、「俺には無理」、「さっぱりわからん」などと、授業に入る前から諦めている子も多かった。入口で拒絶されると授業にはならない。数学はこれまでの学びの積み重ねがなければ今日やることを理解することは難しい。小学校時代に置き去りにしてきた学習を取り戻さないと次へは進めない。「どこが分からないの？」や「どうして分からないの？」などと尋ねることは禁物だ。これまで彼らは、この問いを何度も受けてきた。その度に責められているような気持ちになり、それだけでやる気がそがれる。ありきたりの授業をしても伝わらないと思った。これは数学の授業に限ったことではないし、この学年に限ったことでもない。私は、「生活や身近にある数字につなげて、みんなで考え合う授業を作りたい」と考えていた。授業ではよく脱線もした。集中力は一時間も続かないのでときどき頭を休める時間も必要。しかし、身勝手に話す生徒もいて、もとに戻すのに苦労する。また、会話から外れる子、付いていけない子、交わろうとしない子などが出ないように心がけた。時には数学から離れ、子どもたちの「話したいこと」や「今知りたいこと」などを語り合う時間を大切にした。

横道にそれ、雑談を楽しむためには私自身もそれなりの知識が必要となる。子どもたちの会話やマスコミなどからの情報には常に注視するようにしていた。分からないことは子どもたちに教えてもらった。そして冗談を言い、笑い合う時間も大切にした。数学は発見にときめき、新しいことを知ったら他に伝えたくなる。学んだことを周りに教えたくなる。これらのことを大切にして、「学んだことが今に繋がる『楽しい授業』をつくりたい」と考え授業に臨んでいる。毎時間プリントを準備して、子どもたちの「考える力」を引き出したいと考えていた。

この日は「よく使う身の回りにある数字と単位」について考えようと準備していた。「今日、学校にくるまでに見たり聞いたりした数字は？」と尋ねてみた。「距離」、「チャンネル」、「携帯番号」、「体重」などがあがった。「数字は毎日見たり聞いたりするでな。

誰とも会わなくても気になる数字はあるよな」と言うと、「時間」と答えた生徒がいた。

「なんで時間が気になる?」と尋ねてみた。割って入るようにしてツヨシが、「遅刻したらバイトの親方に怒られる」と言った。「そんなん気にしてるんか、学校は遅刻ばかりするくせに」とハヤトが突っ込んだ。「学校はええねん」。「なにが学校はええねん。学校も遅刻せんと来い」と私が返すと、「仕事は給料減らされるけど学校は何にもないから頑張られへん」と答えた。

「じゃあ、ツヨシは留年ということで」と言うと、「それはあんまりじゃござんせんか」の一言にみんなで笑った。「時間にはどんな単位が付いてる?」と尋ねると、「時、分、秒」とメイが答えた。「さすがメイ、完璧」と言うと、「そんなん当たり前。俺は分かっていたけど、言わんかっただけや。能ある鷹は爪噛むって言うやん」とツヨシが言った。一同「???」と一瞬の沈黙。「それを言うなら『爪を隠す』やろ」とメイが突っ込んだ。みんな大爆笑。

その後も「メートル」、「グラム」、「パーセント」などが挙がった。そこで、「そう、みんなは毎日数字を使っている。それに数字は世界の共通語。書けば世界中どこへ行っても通じる。英語では、『ワン、ツー、スリー』、中国では『イー、アル、サン』、ドイツでは『アイン、ツバイ、ドゥライ』など声にしたら分からんけど書いたらどの国でも分かるんやで。数学は世界の共通語を学んでるんやで。単位も同じ」と説明した。「へー、すごいやん。どこの国の言葉でも数字は言えるの？」とウノが言った。「俺、数学の先生やで。そんなん当たり前やん。どこの国の言葉でも言えるよ」と答えると、「じゃあスペイン語」、「韓国語」、「オランダ語」、「ケニア語」などいっぱいリクエストが出た。「うーん、今日は耳の調子が悪いのかな。みんなの声があんまり聞こえないなー」と返した。「なんや、分からんのやんけー」とツヨシが突っ込み、みんなが笑った。

そのようなやり取りを楽しんでいると、突然、火災報知器のベルが鳴り響いた。廊下に出ると煙が充満している。「えっ、火事？」。

学校内には避難する広場がない。私はとっさに判断し、全生徒を下校させた。緊急時の際の判断は私に委ねられていた。消防署へ連絡をしたのち、全教職員も外へ出た。二、三分後、けたたましいサイレンと共に二台の消防車と四、五人のこの地域の消防団員がやってきた。到着するや否やみんな校舎内に入って行った。

十分ほど経過した頃、一人の消防団員が出てきた。「無事鎮火しました。どなたか一緒に来てください」と言われ、教頭と私が現場へ向かった。三階のトイレに案内された。

トイレ奥の配管の点検口の扉が開かれていた。「この中を見てください」と言われ、首を突っ込んでみた。中には二本の太い配管があり、その前には山のように積み上げられたタバコの吸いがらがあった。「何百本あるだろうか、ここまで貯めるには何年かかっただろうか」などと考えていた。その上に火のついたタバコが投げ入れられて引火したのであろう。

「扉を見てください」と指さした鍵の部分を見ると、鍵の差し込み部分がなくなっていて小さな穴が開いていた。ちょうどタバコが一本入るほどの穴であった。長年、吸いがらをその穴に差し込み捨てていたのであろうと想像できた。とりあえず、消防の人と一緒に現場をそのままにして階段を降りた。

外に出てみると帰ったはずの一年生たちがたくさんいた。そして、消防車の前に立ち写真を撮影していたり、消防士を捕まえて「記念写真」と称し、一緒に写真を撮っている女子もいた。「すみません、邪魔をして」と謝罪すると、「大丈夫ですよ」と言い残し、消防車にさっそうと乗りこみ帰って行った。

「かっこいいなぁ。俺も消防士になろうかな」と男子たちが言った。みんなが憧れるのも無理はない。本当にかっこよかった。

「みんな家に帰ったはずじゃないの？」と尋ねると、「こんなチャンス二度とない。だから戻ってきた」とユウが言った。「こんなに早く帰っても俺らやることないもん」と男子たちが言った。「おまえら、ほんまにノー天気やなぁ」と笑った。

このようなことは、一年前までは考えられなかった。多くの生徒が「一秒でも早く帰りたい」との思いなので、一度学校を後にしてまた戻ってくることなどは考えられなかった。この日も二年生・三年生は全員帰路につき誰も残っていなかった。一年生にとってこの学校が居場所となってきたようで、嬉しかった。

3　ボヤから生まれた意識

その後、緊急に職員会議が開かれた。今日の出来事を振り返り、今後の対策について意見が交わされた。生徒に対しては、明日全校集会を開き、今日の報告をしてから、タバコについての注意と禁煙のお願いをする。その後、小グループに分かれて現場を見に行き、あとは教室へ戻り、担任が自らの言葉で思いを伝えることとした。

全校集会では、この出来事や職員会議で決まったことについて私が伝える役目となった。K専門学校からの在籍者である二、三年生は合わせて七十人ほどいた。前年度までは厳しい校則により取り締まられていたので、このようなことがあれば、学校は犯人捜しに躍起になったものだ。彼らがどう捉えるか、私たちの思いが伝わるかが、やや心配であった。

翌日、体育館で全校集会が開かれた。私は、昨日のボヤについて報告し、そのあと、全校生徒に「タバコの害について」、「周りへの配慮」、「禁煙のお願い」などを伝え、この後の予定について説明した。

前年度までは、「喫煙すると処分する」と脅迫していたのだが、この日は「禁煙のお願い」として話した。生徒たちは、私の話を静かに聴いてくれていたが、やはり二，三年生たちは、一年生とは違う思いでいるように感じた。「厳しく注意されると思っていたのにそんなに叱られない。去年までと全然違う」と言う声も聞こえた。

これまで厳しい校則により、処分されることを恐れてタバコを吸うのを我慢していた生徒たちだったが、実際は隠れてこのようなことをしていた結果だった。私たちも「タバコを吸うと処分するぞ」と迫ることで、学校の中で吸われることを防ごうとしてきた。

きまりに縛られるのでなく、禁煙ができるのだろうか。私たちの今後の対応についての課題が残されたと感じた。

その後、小グループに分かれ、順々に現場を見に行った。生徒たちは山積みとなった大量の吸いがらを見て、「エグイやん」、「めっちゃあるやん」など、一様に驚いていた。心当たりのある子もいると思うが、その子たちの心に響くことを願った。

教室へ戻りホームルームが始まった。「現場を見てどう思った？」と尋ねてみた。「俺、タバコ吸わへんから関係ない」とハヤトが言った。ツヨシが、「俺らが入学する前からあったものやから俺たちには関係ない」と続けた。吸う者も吸わない者も、クラスの大半が二人と同様に「俺たちには関係ない」と思っているようであった。

「未成年のタバコについてはどう思う？」と問いかけてみた。するとユズが、「迷惑かけへんかったらいいと思う」と返し、「俺は小学校から吸ってるからやめられへん」と続けた。「じゃあ、学校で吸うのはどう思う？」と問いかけてみた。「それはあかんやろ」とノブがつぶやいた。ノブは出席番号が1番であったので左側の席の一番前に座っていた。この議論を面倒くさそうに、机に伏せていたノブが口を開いたことが私には嬉しかった。彼もタバコは吸っているのだ。

みんなからは、「勝手にしたらいいやん」、「迷惑かけへんかったらいい」、「喫煙室作ってや」などの意見が飛び交った。話を重ねながら、最終的に、「学校では吸わない」、「学校に入ったら先生に持っているタバコを預ける」ということでまとまっていった。

「俺が預かるのか？」と尋ねると、「そうなるでな」とウノが言った。そして、「みんなのタバコを入れる箱を作るわ」とウノとタイキが教室を出て行った。しばらくして、箱、ハサミ、ガムテープ、マジックを持って戻ってきた。「職員室から借りてきたで」と二人はなにやら作り出した。「おまえら、ちゃんとできるんか」、「俺が手伝ったろうか」などと言う声もあったが、「もう、うるさい。黙って見ていて」と返していた。

みんなが見守る中、「できたで。禁煙ボックスの完成！」と叫んだ。縦三十センチ、横六十センチ、深さ十センチ程度のダンボール箱の内側が格子で区切られていた。そして、それぞれの枠にタバコを吸っている人の名を書き込んだ。十七人いた。二人はクラスでタバコを吸っている者を把握しているのだ。

「明日から、ここの自分の名前の枠に、持っているタバコとライターを入れること」とウノが言った。ツヨシが「そんなことしたら俺が吸ってるのんバレるやん」と言った。「お前が吸ってるのん全員知ってるわ」とミヤジが突っ込むと、「お前、昨日トイレで吸ってたやん」とハヤトが続けた。「それを言っちゃあおしまいよ」とツヨシが言った。「火事の犯人はお前か」と私も突っ込んだ。そのやり取りにみんなが笑った。いつもクールなミヤジが突っ込んだのは嬉しかった。

私もこれまでタバコを没収したことは何度もあるが、預かったことはない。いくら校則がないとはいえ、ここまでやって良いものだろうかと迷った。が、ここまできたらやるしかない、しかもみんなが自主的に初めて決めたことなのでやってみたかった。「叱られたら俺が責任をとればいいか。多分、先生たちも反対しないだろう」と楽観的に考えた。

翌日、教職員の朝の打ち合わせでこの預かり制度に至った経緯について報告をした。反対の声はなく了承してもらった。

一時限目が終ったとき、ウノが「禁煙ボックス」を持って職員室へやって来た。中にはタバコとライターがぎっしりと詰まっていた。さすがにそれを見ると、「本当にこんなもの預かって良いのか。未成年の喫煙を認めることにはならないのか……」と迷った。とにかくタバコを吸う本数が一本でも減ることを願い、実行することにした。

前述したように、教職員は十二人いた。そのうち五人がタバコを吸っている。私たちは生徒に、「タバコは体にも環境にも良くない」と言い続けている。それは大人でも子どもでも同じなはずである。禁煙を迫るものが吸っていては説得力に欠ける。私は、先生たちには率先して禁煙運動に参加してほしい、「禁煙は、まずは先生から」と思っていた。

だがこれは、子どもたちより難しいことであった。全員の先生に関わってほしい思いで、職員室の一番目立つところに「禁煙ボックス」を置いた。今後、どうなっていくか分からないが、こうして一年生の禁煙の取り組みが始まった。

4 遅刻も欠席も子どもたちが持つ権利

六月に入りクラスの課題が見えてきた。子どもたちは縛られることや強制されることがない中、自由を楽しんでいるようであった。前年度までなら、この時期にはクラスの勢力図ができ、いじめが見えてくることが多い。しかし、このクラスにはいじめは見当たらない。これまではなにかと目立つ生徒は、先生から納得のいかない校則を盾に叱られ、そのストレスが弱者へ向いたのではないだろうか。強者は先生からいじめをうけていると感じていたのかもしれない。かつては毎年のように、いじめ問題に悩まされてきた。どれだけ厳しいルールを作り取り締まっても一向になくならなかったものが校則をなくすことでなくなったとするならば、それだけでも校則をなくしたことは正解であった。

しかし、「学校が楽しくない」という声は聞こえないものの、遅刻と欠席が目立つようになってきた。かつては、遅刻と欠席についてはその事情に関わらず、それぞれの回数を記録してきた。そして機械的に、「規定の日数を超えた場合は留年」とし、進級や卒業に関わる重要な判断基準となっていた。回数で決めることが、「公平・平等な判断」であると考えていたのだが、学校が嫌なわけではないのに、なぜ欠席なのか、なぜ毎日のように遅刻して来るのかを具体的に知りたいと思った。そこで私は、生徒たちの学校外での生活を知るために、気になる子の家庭を訪問することにした。

マサは入学後から休みがちだったが、ゴールデンウィーク明けからまったく登校しなくなった。彼は小学校の後半から中学校時代は家に引きこもり学校へまったく行っていない。両親は離婚し、母が保護者となっているが、ほとんど帰って来ない。同居の祖父母が彼の食事などの世話をしていた。しかし、部屋の前に食事を運ぶだけで顔を合わせることも会話することもほとんどない。私が訪問した日も部屋にこもって出てこなかった。「どう接したら良いのかが分からない。私たちとはまったくしゃべろうとしない」と祖母が嘆いていた。

その後も訪問しても会えないことが多かった。やっと会えた日も私との信頼関係がまだ築けていないので、あまり語ろうとはしない。ただ、「今は何をしたいのかも分からない」、「誰とも繋がっていない」、「母への不満と不信による反抗・反発から動けなくなった」ということが分かった。長い引きこもりがすぐに解消するはずはない。特別な対応を考えることにした。時間はかかるだろうが、まずは私との関係を築くことからだ、と根気強く向き合って行こうと思った。

シンヤは遅刻も欠席も多い。深夜に地元の友達とバイクで暴走して朝帰りになるという日々が続き朝起きられない。両親は、「私たちの言うことは何も聞いてくれない。朝何度起こしても起きてくれない」と嘆いていた。私が訪問したときも夕方であるにもかかわらず、まだ寝ていた。彼の部屋は離れにあり入口には内側から鍵がかけられていた。

ドアを叩いて呼んでもまったく応答がない。「いつもこんな状態です」とお父さんが言った。

シンヤは高校受験前の十一月頃から『おっちゃん塾』という名前で始めた私の塾の生徒であった。この塾はハヤトの両親に頼まれて開いたのであった。受験のための塾ではなく、「誰の言うことにも耳を傾けようとしないハヤトやシンヤらを何とかしてほしい」という親の願いにより作ったものであった。「まあ、夜に出歩き、周りのことなど無視して行動している子たちの居場所となればいいか」と思い、引き受けることにしたのだ。もちろん無償である。

ハヤトとシンヤのほかにあと一人を加え、三人で始めた。そのような付き合いがあったので、シンヤは起こらないと思ったのであろうか、お父さんは、「鍵も内側から勝手に自分でつけた。先生、こじ開けて入ってください」と言う。お父さんは彼ともめるのを恐れて、強く出られないようであった。

鍵と言っても扉の内側に留め金のようなものを取り付けていたので、持ち手を引っ張るとガタガタと音を立てて扉が揺れた。少し力を込めて引いてみたら、「バキン」という音とともに鍵が外れた。中に入ると布団にくるまり眠っているシンヤがいた。布団をはぎ取ると、シンヤは寝ぼけた目をこすり、「えっ、しげき兄ちゃん？」と見上げた。まさかの私の訪問に驚いていた。私にも反抗的な態度を見せるのかな、と心配していたが、とても素直に起き上がった。

シンヤに「これからどうするの？」と言うと、「こんな生活を続けてたらあかんと思ってる」と言う。その言葉を聞けただけでも良かったと思った。でも生活を改善するには少し時間を要するだろう。『シンヤが深夜に』などシャレにもならない。まずは深夜の暴走をやめさせることからかな、と思った。

彼らの他にも、競艇にはまり開催時期には学校には来ない子、中学時代からの休み癖が治らない子、アルバイトが忙しくて時間を作れない子などがいた。アルバイトをしている子は、家庭の経済的理由によるものが多かった。学校生活を送るためには、まずは、生活の改善からと思われる子が多くいた。しかし、それには時間を要するだろうと感じた。このままでは、やがて欠席と欠課時数の規定により留年となってしまう。

そこで私は、職員会議で次のような提案をした。通常は六限目で終わるが、一限目の授業と同じ内容で七限目を実施するのはどうだろうか。一限目の授業を受けられなかった場合は七限目をうけることができる。これを、「フレックスタイム制」と呼ぶ。また、事情により在宅での学習を認める。アルバイトを、職業訓練または体験学習とし、これらについては欠課、欠席として取り扱わないと提案した。私は欠席と遅刻を補う制度となることを期待した。

そうした私の意図も理解され、何らかの事情を抱えた子どもたちのことを配慮して、この提案は承認され、二学期の九月から実施されることとなった。フレックスタイム制、在宅学習、体験学習の各制度が確立できた。

「学校生活の充実」を目標に掲げる学校が多くある。それは誰もが望むことである。しかし、それは、学校だけでは成し得ない。学校を離れたところでの生活環境や地元での友人関係に大きく左右される。本人だけではどうにもできないことが多い。「子どもたちの意識に任せ、『自覚』と『自立』を芽生えさせる」ことはかなり難しい。「学校外でも子どもたちと関わることも必要」と考えた。学校全体で「優しさと繋がりで満ち溢れた学校」を目指し、私は「みんなでいっぱい楽しみたい。学校外でもいっぱい遊びたい」と考えるようになった。

5　身勝手もほどほどに

手探りで始めたクラスづくりではあるが、私が決めてそれを指示するのではなく、できるだけみんなと相談するようにしてきた。「決まっているからといって、実施するだけではみんなのものにはならない。納得して実行することが大切である」と考えたからである。自分の意見が取り上げられたら、「もっと考えたい、やりたい」という気持ちが湧いてくるはず。自由な発想のもとでなければおもしろくない。身勝手な言動や行動もあったが、そんなときは、みんなに問いかけ、一緒に考えることを常に意識していた。生徒たちに私たちが日々「教師としての情熱と力量」を試されているように感じた。「頼りにならない」と感じられたら私たちはすぐに見限られる。身勝手なふるまいに振り回されることもあったが、なんとか一学期を終え、夏休みを迎えることができた。

夏休みが終わり、二学期が始まった。「夏休みが長すぎた」という声も聞こえてきた。学校が始まるのを楽しみにしている子が多いと感じた。このような空気を感じたのは教師になって初めてであった。

さっそくヒロトがやらかした。三年生のコウジに喧嘩を売ったのだ。「勝てる」と思ったのか、クラスの何人かの仲間を連れて行ったようだ。そのケンカを見ていた子が、「先生、ヒロト、コテンパンにやられたで。イキって行くからや」と笑っていた。喧嘩する理由はなく、「腕試し」ということであった。「あいつ、思っているより強かったわ。さすが三年生やな」とヒロトは笑っていたが、自分のしたことを恥じているようにも見えた。仲間から相当言われたらしい。私は、「アホなことするなよ」と笑った。

後日、ケンカの相手の三年生のコウジに聞いてみると、「何かわからんけど、いきなり喧嘩をふっかけられ、おれも下級生からそんなんされて引くに引かれへんからな。でも下級生に勝ったとしてもなんの自慢にもならへん。恥ずかしいわ」と笑っていた。ヒロトは「力の強いものが世の中を制す」と考えているのか、虚勢を張ってまでも自分の力自慢をしていた。周りには、そのようなことは中学校のときに卒業してきている者が多いので冷ややかな目で見ていた。ヒロトは、中学時代に強者弱者の関係を見せつけられてきたのであろう。このクラスには自分より強いものがたくさんいるので弱者にはなりたくなかったのであろう。その後もイキがっているのを見かけることがあったが、そんなときは周りの仲間たちがなだめたり、叱ったりしていた。

一学期にみんなで決めたことが崩れ出した。朝にタバコを回収しているはずなのに、ツヨシとヒロトたちが校舎の影で喫煙していた。タバコは禁煙ボックスに入れたのだが、もう一箱隠し持っていてそれをみんなで分けて吸っているのであった。「そんなことしていたら意味ないやん」と言うと、「やっぱり飯食うと吸いたくなるねん」とヒロトが返した。その出来事以来、禁煙ボックスが体をなさなくなって行った。職員室に置いてある禁煙ボックスからタバコをそっと持ち出し、先生から、「こら、持っていったらあかん」と言われながらも逃げ去って行く子たちがいた。そのうち預ける者も集める者もいなくなり、禁煙ボックスがなくなった。とはいえ、学校では吸わないことを守っている生徒も多くいたので、無駄ではなかった。

生徒指導部長をしていた頃の私は、教職員の先頭に立ち、「間違ったことをした生徒には厳しく指導しなくてはならない」と強く意識していた。それが、どんなことをしても「子どもがしたことだから」と笑ってやり過ごすことができるようになった。子どもたちは私たちの反応を試すかのように行動しているように感じる。そっと見つからないように持ち去るのではなく、「俺、持っていくで、怒ってや」と言わんばかりである。

その後ろ姿が「めっちゃかわいい」と思えるようになった。「俺もあいつらにやられてしまったな」と笑った。

フレックスタイム制は、九月の初めには自分たちが決めた事だからという意識があったのだろう、七時間目の授業を受ける生徒が十数人いた。しかし、時間をずらしても受けない子が増え、十月に入ると誰も残らなくなった。「楽しい授業なら残っても受けたいと思うだろうな」と自分たちの授業について課題が多いことを感じた。

一年生の社会見学で、ある電池工場へ行ったときのことである。駅前で待ち合わせてみんな一緒に電車に乗り現地へ向かった。みんなたのしそうにしていたが、普段よりやたらテンションが高い。「楽しいのは分かるけど相手さんを驚かせたり、迷惑をかけたりしないようにしてや」とみんなに呼び掛けた。

現地に着くと、広い講義室のような部屋へ案内された。そこで係の人から電池の仕組みなどについての説明を受けた。しかし、その人の説明が難し過ぎたのか次第に騒がしくなり話をまったく聞こうとしなくなった。しかし、「見学後は、電池を自由にお持ち帰りください」という言葉にだけはしっかりと反応していたので嫌な予感がした。

その後は係の誘導に従い工場内を見学することとなった。案内の人の説明もほとんど聞かずに、数名が出口へと向かった。サクライとウノが、「あっ、見つけた」と床に置いてある電池の入った箱を指さした。一つの箱には単三電池が二本ずつセットにして五十セットほど入っていたように思う。五箱積み上げられていて一番上の箱が開封されていた。二人は電池を一番上の箱から取り出すのでなく、すべての箱を持ち去った。開封された箱の中から取り出すことが常識であったのに、開封されずに積み上げられている箱のすべてを持っていくことなど誰も想定していない。そして、箱を開封して電池を取り出し、みんなに配った。何百本もの電池が一瞬にしてなくなった。

それを見た案内の人が、何とも言えない複雑な表情を浮かべていた。アッという間の出来事であった。私は、どう言えばいいのかがわからず、何も言うことができなかった。さらにその後、サクライが玄関に飾ってある大きな電池の模型を担いで肩に乗せた。本気で持って帰るつもりはないことは私は分かったが、係の人が慌ててやって来て、「それは持ち出さないでください」と強い口調で言った。「すみません。はしゃぎすぎて」と謝罪すると、「先生も大変ですね」とねぎらわれた。いろいろあったが、今の段階では、彼らには「マナーを身に着ける、我慢する、他の人の言うことに耳を傾ける」などということはできないことが分かった。

後日、その会社から「もう二度と来ないでください」という電話があった。「そうだよね。あれじゃあ次はないよね」と納得した。

同じ十月の校外学習の帰りのバスの中のこと。カズがタバコを吸った。席の周りの仲間が止めるのにも耳を傾けようともせず、バスの窓から頭を出し吸った。その行為と彼の態度に対してミヤジが腹を立てていたらしい。

翌日、ミヤジはカズをトイレに呼び出した。その時のカズの横柄な態度に耐えきれず、ミヤジが殴った。カズは倒れ便器で頭を打った。「カズがトイレで転んだ」という連絡があり、私が駆け付けた。トイレの床にカズがうずくまっていた。「大丈夫か？」と問いかけると、「痛い」と答えた。頭のことなので病院へ連れて行くことにした。このときにはミヤジが殴ったことは知らなかった。カズも「転んだ」としか言わなかった。診察後、レントゲンを撮ったが異常はなかった。しかし、念のために入院することとなった。

翌日、オノが、「カズはミヤジに殴られて転んで便器で頭を打った。俺は素直に謝ったから殴られなかった。そこにはハヤトもいた」と言ってきた。ミヤジとハヤトに確認すると、間違いないとのことであった。

入院して二日後、病院から、「すぐに来てください。面倒を見きれないので、退院させます」という連絡があった。その声から、「急いで来てほしい」という気持ちと、「怒り」を感じた。〝えっ、何があったのだろうか〟と思い、私はあわてて学校を出た。

病院に着き、二階のカズの部屋に入った。そこに彼はいなかった。看護師さんが「あそこにいます」と窓を指さした。カズは窓の外のヒサシの上を歩いていた。私は「何してるんや、すぐに戻れ！」と叫んだ。看護師さんは「この行動は一度や二度ではなく、何度も繰り返していくら注意してもやめてくれません」と言う。「ヒサシの上を歩いていろんな部屋へ入るんです。患者さんから苦情もある。落ちてケガでもしたら私たちの責任になりますから」と激怒していた。また、若い看護師さんを捕まえては、「退院したら遊びに行こう。携帯番号教えて」などとしつこくナンパしていた。「このようなことは初めてです。もうお世話できません」と強い口調で言われた。私は丁重に謝罪して部屋を出た。次は医師との面談である。何と言われるのだろう、不安と恥ずかしさでいっぱいであった。

医師からは、「念のために入院していただきましたが異常はみつかりません。だから退院してください」との話があり、さらに「昼も夜も大変でした」と苦笑いを浮かべながら言われた。穴があったら入りたい気分であった。

病院を出てカズに、「どうしてあんな行動をした？」と尋ねると、「ヒマやったし、看護師さんみんな可愛かったから」と答えた。あきれてものが言えなかった。

後日、ミヤジの家を訪問した。両親に顛末を説明しカズへの謝罪と治療費の負担をお願いした。費用負担も了承してもらえたが、あんな様子のカズを思うと複雑な気もした。この時、ミヤジがたこ焼きを焼いて出してくれた。私に食べさせたいと自ら買い物をしたらしい。身長一八〇センチを超える体を低く折り曲げてたこ焼きを焼く姿が、とても可愛かった。

私は、「自由」は「自主」と「自立」の中に存在すると考えている。この学校にはその自主と自立が育つ環境がある。言葉にしなくとも子どもたちはそれを自然に身に付けていくことだろう。「身勝手」と「自由」の違いも分かってくる。いや、すでに分かっているかもしれない。でも「自分も周りの人も大切にすること」、「互いに我慢を持ち寄ることで人間関係が成り立つ」といったことは、まだ身についていない生徒もいるが、それでもいい。

私はこう考えるようになった。「もっと教師たちを振り回せばいい。お前たちのやらかしたことの後始末をするのが教師の仕事。お前たちはやらかしながら成長していく。

教師たちは生徒がやらかしたことを一緒に悩み考え、成長していく。過ちを未然に防ぐことも必要であると思うが、子どもたちには過ちを起こす権利がある。ただし、自分も周りの人も、傷つけないでいてほしい。命を大切にしてほしい。今はこのことだけできていればいい」と。

第二章　生徒とともに考える学校の在り方

1　総合学習で学び合いたい

校則をなくしたことにより教師たちの学校教育に対する考え方が変わった。前年度までは、生徒が問題を起こすと校則や前例に沿って指導や処分などおこなってきた。それには子どもたちの心情やそこに至る背景などはほとんど考慮されることなく、校則の規定と前例をもとに判断してきた。それが「平等・公平な判断」であると考えていた。以前の判断をもとにして、今の処分を決める。生徒を「人」として見るのを忘れていたように感じる。学校が重視してきたものは「校則」であった。子どもたちに寄り添って考えるのではなく、子どもたちを校則に寄り添わせてきた。

しかし生徒は一人ひとり性格も違えば、考え方も違うのだから、一律に見ることはできない。やってしまったことを点で判断するのでなく、その時の心情や背景を重視して考えるようになった。これらのことを基盤とした授業づくりがなされるようになった。この年から総合学習という教科を設定し、全学年で実施した。

三学期の一月、総合学習で「タバコの害」についての授業を行った。私は、「現在タバコを吸っている人は？」と尋ねてみた。「俺やめた」というツヨシに対し、ハヤトの「嘘つくな」という突っ込みで始まった。自ら言うもの、他からバラされるもの、すべて合わせて十七人であった。新たな喫煙者が生まれていないことがわかって、とりあえず安心した。

以前に複数人の保護者に対して、「子どもの喫煙」について尋ねてみたことがある。保護者の多くが「家では吸っていいけど、学校では吸ったらあかんでと注意をしている」と言っていたが、すでに愛煙家となっているものが学校で長時間の我慢ができるはずがないだろう。親も吸っている人が多かった。「私もやめるから一緒にやめよう」と子どもに言う親が一人でもいてほしいと思ったものだった。

その時のことを思い出しながら、クラスのみんなに尋ねてみた。「親は知っている？」に対し、喫煙している全員が「知っている」と答えた。私自身は十五歳からタバコを吸い始めたが、親には内緒であった（二十五歳でやめた）。私たちの時代は、「親には内緒」が普通であったが、今はそうではない。

次に、「やめたいと思うか？」と尋ねてみた。「やめたいけどやめられない」と十七人のうち十人が答えた。やめたい理由を尋ねると、「体に悪い」、「金がかかる」、「服や口が臭い」などがあった。「良いところは？」と尋ねると、「イライラが治まる」、「食後の一服がうまい」などだった。ハヤトが「最初から吸わんかったらそんなことは起こらんわ」と突っ込んだ。タバコを吸わないハヤトの的を射た発言に、みんな納得していた。

そして、次に愛煙家の坂浜先生に教室に来てもらった。ある実験をしたのだ。まず、先生に生徒たちの目の前でタバコを吸ってもらう。単に吸うのではなく、白い布に口を付けて吸った煙を吹き付けてもらった。教室のすべての窓を全開にして行った。一枚目の布には、煙を肺にまで入れずに吐き出し、布に吹き付ける。二枚目の布には肺まで入れて吹き付ける。その二枚を比較した。

煙を肺に入れた方にはそれほどの大きな変化は見られなかった。肺にまで入れずに吹き付けた布には茶色く濁ったものが付着していた。そこで、保健所から借りてきたパネルをみんなに見せた。パネルには、健常な美しい肺とタバコを吸っている人の黒々とした肺が写っている。

「さっきの実験と、このパネルからみんなは何を感じた？」と尋ねると、「エグイやん」、「こんなに真っ黒になるんや」、「俺、吸わんでよかった」、「今からやめたらきれいになるのかなあ」などの声があがった。「ここからはそれぞれが思うことを言ってや。タバコについては、今も吸っている坂浜先生に聞いてみてや」と坂浜先生を教卓の前へ押し出した。そこからは、坂浜先生への質問ラッシュ。「先生は何で吸っているの？」から始まり、「体に悪いのん知っててなぜ」、「保健体育の先生なのに？」、「この授業やったらやめたくなった？」など、迫られるような場面もあった。ついに坂浜先生は、生徒たちに「タバコをやめる」と約束した。私はこの様子を黙って見ていた。「やられたわ」と苦笑いを浮かべながら先生は教室を出て行った。私は、「みんなも坂浜先生と一緒にタバコをやめよう」と授業を締めくくった。

その後、坂浜先生が学校で吸う姿は見なくなったが、それも長続きはしなかった。「生徒がいるときの学校では吸わないようにしている」と弁解していた。

この授業に対して異論を唱える人もいるとは思うが、取り締まることだけが求められる校則があったときには、このような授業は絶対にできなかった。子どもたちの嘘偽りのない現実と向き合いながらできたことは良かったと思う。それにしても生徒たちの現実をどのように受け止め、どう返せば良いのかが分からないことも多々ある。むき出しになった現状を受け止めることは大変だと改めて感じることとなった。

2　人権ってなに？

二年生になった四月のある日の総合学習において、「人権と義務について考える」という授業をした。

「みんなが思う義務って何？」と尋ねてみた。しばらくの沈黙があったあと、「それは、やらなあかんこと」とオノが答えた。オノはバスでカズと一緒に喫煙した件以降、言葉数が少なくなっていた。そのオノがみんなの前で発言できたことが嬉しかった。「オノにとってやらなあかんことって何？」と返してみた。しばらく考えて、「バイトかな」と答えた。

オノは、学校の紹介による職業体験から引き続きそこでアルバイトをしていた。「それは義務？」と返してみた。すると、「仕事はお金もらってるから義務やろ」と、トヨシが言った。トヨシは毎日アルバイトをしながら通っている。それは小遣い稼ぎではなく、家族の生活を支えるためであった。それが口火となり、「学校に行くこと」「約束を守ること」、「法律を守ること」などの意見が出た。

私の「じゃあ義務を守らなかったらどうなる?」に対し、「そいつはシバく」とツヨシが答えた。「法律を破ったらどうなる?」と返すと、「それは捕まる」と続けた。「そしたら、どついたツヨシは捕まるね」とメイが返した。みんなが笑った。私が、「法律にはどんなものがある?」と問いかけると、「犯罪を取り締まるやつとか、交通ルールがある」とメイが答えた。その後も子どもたちが、さまざまなやり取りを続けた。ツヨシが、「義務を守らんかったら捕まるのか?」と言うと、「そりゃあ中身によるけど、捕まるときもあると思うよ」とメイが答えた。「お前がやっていることは全部法律違反や」とユズが続けると、「俺は真面目に生きてる。捕まらんようにしてる」と返した。すかさずハヤトが、「それがあかんのや、早く捕まえてもらえ」と突っ込み、みんなが笑った。

「法律を守るのは義務やと思う」とユウが言った。「見つかるからあかんのや」、「見つからんかったらいいっていうことと違う」、「捕まってしんどい思いするのは自分だけと違う」、「周りも迷惑することもある」、「義務は守らなあかん」などみんなのやり取りを聞いていた。なかなかすごい話をしていると思った。

「そうやな。法律が義務としたら、それを破り、犯罪すると捕まるな」と私が続けた。

そしてさらに「じゃあ、バイト休んだり、学校休んだりしたら捕まるのかな？」と尋ねてみた。ツヨシが、「そんなことしたらこのクラス、ほとんどいなくなる」と言ったので、みんなが笑った。いつもツヨシは面白い突っ込みをしてくれる。

「バイトも学校に行くことも義務ではなく、権利やねん」と私が言うと、「でも義務教育って言うよ」とナギが言った。ナギはまったくと言っていいほど中学校には登校していなかった。「それはよく聞くな。みんなも義務教育を受けてきたよな。でもその義務は親を含めた大人にある。みんなには教育を受ける義務ではなく、権利があるんやで」と言うと、「俺、中学ほとんど行ってないから、俺の親つかまるやん」とツヨシ。みんなが笑った。

私が、「義務を守らなかったら、捕まらなくてもその責任は問われることになる」と返した。そして、「じゃあ、権利はどうやって守られる？」と尋ねてみた。「自分で守るしかないのかな」、「俺の邪魔するやつは潰す」、「警察が守ってくれる」、「人権は守らなあかんのや」という意見が出た。「そう、人が持つ権利を人権と言う。生きる、学ぶ、食べる、楽しむなどの権利は憲法で保証されている。そういった権利は何も言わなければ保障されなくなる。みんなで闘ってきたから守られている。だから、ときどき変な奴が出てきて権利を奪おうとする。そんなときは闘う。そんな奴はたいてい強いから、一人ではなかなか勝てないから仲間を誘って、できるだけたくさんで立ち向かってきた」と説明し、「権利は勝手にできたものではなく、人々が仲間と力を合わせて闘って勝ち取ったものやで」と締めくくった。

授業終了後の休み時間となっても「義務と権利のどちらが優先するか」や「給料もらっているから働くのは義務やろ?」など、教卓の前に集まってきて話を続けていた。そこで「あ、そうだ。今週末の土曜日に労働者の祭典のメーデーっていうのがあるねん。これは毎年五月一日に開催されている。働くものが長い間ここで訴えてきたから、労働者の権利が保障されて来たんや」と私が言うと、「えっ、それ何?」とユウ。「全国のあちこちでこの日にやるんやで。この市では市役所の前に集まって集会をしてから、風船やプラカードもってデモ行進するんやで。ここには七百人ぐらい集まるけど、全国で一斉に行われるから、何十万人もの人が参加しているんやで」と説明した。

「えっ、凄いやん。俺たちも行けるん?」とサクライが言った。「うん、行けるで。今年は土曜日やし、親子での参加も多いかもな。終了後にはバーベキューもあるで」と答えた。これまでは生徒は参加したことがない。でも、バイトをして働いている生徒もたくさんいる。「権利と義務については、私があれこれと話すよりも、実際に参加してみて体験するのもいいだろう」と思った。

メーデー当日、バーベキューに釣られたこともあるのか十人ほどの生徒が、早い時間に市役所前にやってきた。サクライとタイキが中心となり、積極的に風船をふくらませる手伝いをして参加者に配ったり、プラカードを作ったりと大活躍であった。私は何も言わないのに、彼らが自らの判断でテキパキと動いているのには驚かされた。行進もにぎやかに歩いていた。もちろんバーベキューが最も盛り上がった。

この経験が、彼らにとって、労働者の権利をはじめ人権についてどのような学びになったのかは分からないが、これらのことをやがて平和や憲法の学習に繋げたいと思った。後に総合学習のテーマは、一年生「健康と環境」、二年生「人権と平和」、三年生「社会や仕事について考える」とした。

この五月、「ノゾミ」が転入学してきた。クラスは三十人になった。

3　子どもたちとのつながりを求めて

一年が経過し、当初は教師に対する不信感や大人への不満を強く抱いていた生徒たちと私との距離が、少し縮まってきたように感じた。しかし、信頼関係が築かれたとはまだ言えない。さまざまなことに対して強い警戒心を持ち、常に何事にも疑いの目を向けている彼らから信頼を得るのは容易ではない。私たちの前でも「素」の姿が出せる関係を築きたいと思った。私も「素」を出し、教師である前にただのドジな一人の人間であることを見せたかった。人としての対等の関係を築けることを願った。平素の授業や校内での活動だけでは関係を築くには不十分だと考え、放課後や校外活動をもっと充実させたいと思った。

二年生となってすぐの四月のある日、「今日の放課後、花壇の植え替えをしたいと思ってる。一日園芸部を募集します。やってみたいと思う人は残ってほしい」と呼び掛けてみた。花壇の広さは畳二枚程度の狭いものであり、玄関のすぐ横にあった。雑草が生え放題で荒れていて、とても花壇には見えなかった。まるで、以前の学校の荒れた状態を表しているかのようであった。私は前日に、花の土と苗、腐葉土、スコップ、ジョウロなどを買っておいた。みんなと一緒にする作業は、雑草を抜き土の入れ替え、腐葉土を混ぜて花壇をつくり、花の苗を植えるということである。誰も集まらなかったら一人でするつもりであった。

放課後、ケンタ、サクライ、タイキの三人が残ってくれていた。「誰もやらんと思うから俺たちが手伝うわ」と言ってくれた。嬉しかった。「やったことあるの？」と尋ねると、したことないけど、植えるだけやろ？　簡単や」と答えた。そして作業が始まった。三人は手際よくスコップで雑草を取り除き、土の入れ替えをした。私が、腐葉土を手に持つと、「そんなん俺に任せろ」と、サクライが、腐葉土の入った袋を私の手から取り上げ、花壇にまいた。「みんな耕せ」と言うサクライの声で耕し始めた。慣れない手つきで耕す二人に対し、サクライが「お前らもっと真剣にやれ」と笑いながら、「もう、そんなやり方ではいつまでやっても終わらん」と彼らを押しのけるようにして一人で耕しだした。「なんでも手際よくやらないと気が済まないのやろうな」と、張り切るサクライに圧倒され、二人は眺めていた。

サクライの活躍で花壇がよみがえった。その上にポットに入った花の苗を並べてみた。日々草、マリーゴールド、ジニア、ガザニアなどが可愛く並んだ。「可愛いけど、なんか少なくない？」とケンタ。「ちょっとさみしくない？」とタイキ。そこで、日々草とマリーゴールドを買い足すことにして、サクライとタイキに近くのホームセンターへ行ってもらうことにした。二人は、「はーい、行ってきまーす！」と張り切って出かけて行った。「この二人が張り切るとろくなことにはならない」と少しの不安を感じた。

ケンタと二人で苗を植え、今あるものを植え終えようとしたとき、「ソーリヤ、ソーリヤ」と叫びながら走ってくる二人が見えた。「ソーリヤ」という声はだんじりを引く時の掛け声である。カートにのったサクライをタイキが押して走っていた。ケンタと私はあきれてその様子を見ていた。「はい、買ってきたよ」と、サクライが苗の入ったビニール袋を差し出した。「お疲れさんと言いたいところだが、カートまで買ってこいとは言ってない。勝手に持ってきたんやろう」と言った。「では返却してきまーす！」と、「ソーリャ、ソーリャ」と再び走り出した。「あいつら、ただでは帰っては来ないなぁ」と私とケンタで笑った。

五月に入り、ケンタが空手を教えてほしいとやってきた。私は空手の経験があるので、

「どうせやるのなら空手部を作るか」とクラスに呼び掛けてみた。すると、サクライとタイキも「やりたい」と言い、三人と私で部活動を始めることとなった。「ケンタはまじめにやるだろうが、あとの二人はちゃんとやるのだろうか」と思った。「動機は分からないが、とにかくやってみるか」と三人の胴着を用意した。

数日後、柔道場で練習を開始した。腕立て、腹筋、背筋などの基礎トレーニングから始め、突き、蹴りなどの基本に取り組んだ。徐々に回数を増やしていったが、思っていたよりまじめに取り組んでいた。「スジはいいとは言えないが、考えていたよりもまじめにやるやん」と安心した。

ある日、他の先生から「先生がいないときはゴロゴロしているだけやで」との指摘をうけた。そっと覗いてみるとケンタ以外の二人はゴロリと寝そべっていた。「まじめにやれ」と言ったこともあるが、「辞めずに続けているだけでもいいかな。私がいるときにはまじめに取り組んでるし」と思った。教職員やクラスメートからは「なんちゃって空手部」と言われながら、卒業を迎える日まで続けることができた。

4　笑顔いっぱい特別活動

毎週金曜日を『特別活動の日』としてさまざまな行事や活動を実施した。学校全体で取り組む行事として、社会見学、遠足、野外炊さん、スポーツ大会などを実施した。それぞれの教師の特技を生かし、「パソコン講座」「基礎学習講座」、「指圧・あんま講座」、「歴史探求」などが開講された。校外においては、ゴルフの打ちっ放し場での「ゴルフ講座」、バッティングセンターでの「バッティング講座」、二色ノ浜での「生竹を利用して炭火でのバームクーヘン作り」、「船釣り」、「ソフトボール」、「ハイキング」などが行われた。これらの学習や活動はすべて自由参加とし、生徒と先生が生き生きと交流して、楽しく学ぶ目的のもとに実施した。

私には視力障害があり、やがて失明することを覚悟していた。将来のことを考えて「鍼灸・あんま」の資格を取得するために盲学校に通ったことがあった。そこで学んだことを生かして「指圧・あんま講座」を柔道場で開講した。私は「肩こり、腰痛、頭痛、便秘などに効くツボについて学び、その症状が出た場合に役立ててほしい」と考えていた。ところがいつの間にか、この講座の時間が、「しげきにマッサージをしてもらえる時間」となっていた。そこには「講座を受ける生徒」ではなく、「マッサージの順番を待つ生徒」で溢れていた。「次の時間はよろしくね」とマッサージの予約を受けることもあった。二時間続きの授業で行っていた講座なので、終わると指が痛くなった。目的とは違うような気がしたが、「まあ、生徒が喜んでいるからいいや」と思うようにした。

噂を聞いた子が入れ替わるようにしてやって来た。時折り、「私もお願いします」と先生までもがやって来た。先生はかんべんしてほしかった。

校外においては、魚釣りの楽しさを伝えたくて「船釣り」を企画した。低価格で船を貸し切れるところを探した。安くても一人一万円を下るところはなかった。「魚釣りの楽しさ、海の美しさと心地よさを知る目的で実施したい。ぜひ学校教育に協力してほしい」など様々な船宿さんと交渉を重ねた。粘り強く交渉した結果、ある船宿業者とサオと餌付きで一人四千円の破格の金額でまとまった。授業で『船釣り』をするというこれまでにない取り組みに賛同してくれてのことだった。

一般的には早朝に出港するのだが、安価で貸し切るため、午後一時に出港し三時間ほど釣りを楽しむ計画となった。魚釣りは好きだが、沖へ出て船から竿を出して釣る船釣りは、私も初めての体験であった。

希望者を募ったところ、私のクラスの生徒だけだったが、二十人で実施することとなった。私たちは和歌山県北部の多奈川港へ向かった。半数以上が釣りをやったことがなく、船釣りの経験者は一人もいなかった。南海線岬駅で乗り換え、多奈川駅に着くと、バスに迎えられ港へ向かった。船に乗るのも初めての生徒も多数いた。

釣り船に乗り込み出港。緊張と不安に包まれながらも、歓声が沸き上がった。「こんな状態で釣れるのだろうか?」と思った。餌のゴカイに触れられない女子が多く、餌を付けるのは男子の役目になっていったが、男子の中にもゴカイに触れられない子がいる。こんな素人軍団を笑いながらも、漁師さんたちは優しく指導してくれた。

船上の高い位置にスピーカーが設置されている。そのスピーカーからの「ファン」という合図の音とともに、一斉に竿を下す。魚群探知機で魚影を察知して漁場を選び、船をとめる。「水族館の水槽の中に釣り糸を下すようなものだから、誰でも釣れる」と漁師さんたちは言っていた。しかし、隣の人と糸がもつれる子、当たり(魚が餌に食いついた感触)が分からない子などが続出。漁師さんたちは、「こんなに手のかかるのは初めてや」と笑っていた。

そのうち、あちこちで、「釣れた！」という歓声が上がった。「魚、よう触らんねん」とユウが叫んだ。こんなときはサクライが大活躍。魚を外し、鮮度を保つために手際よく絞める。また、「ファン」という音が鳴る。「釣り糸を巻き上げろ」という合図。次の漁場へ移動する。タイ、アジ、キス、カサゴなどが釣れていた。タイと言っても手のひらサイズの小さいものであった。それでもタイが上がれば、「タイが釣れた」と盛り上がった。

船が停止し、「ファン」という音が鳴り、再び釣り糸を下ろす。釣れなくなると「ファン」と鳴り、糸を巻き上げ移動。これを五・六度ほど繰り返す。四回目の漁場で、これまで一匹も釣れていないメイが、突然「重たいよ」と声を上げた。私が手を添えると確かに重かった。「何かにひっ掛かってる？」でも強く引いている。「メイ、もう少し力を込めて巻いてみて」と手を放し竿を委ねた。「重い」と言いながらも必死で巻き上げていく。自力で上げさせてあげたかった。魚の影が見えた。漁師さんが、「こりゃあ大物や」と網を持ってきて救い上げた。四十センチ近くあるタイが上がった。漁師さんは「こりゃあ今日一や」と言った。

初めて釣りをしたメイが大物を釣り上げたものだから、みんなのエンジンが加速した。漁師さんは「あんたに釣られるタイは、〝ねむタイ〟って言うんや」と笑っていた。メイは、「もうこれで十分」と大満足していた。みんなも十匹以上釣れていて「晩御飯のおかずができた」、「今日は刺身や」などと喜んでいた。サクライがみんなの釣り上げた魚をその場で絞めていたので、鮮度を落とすことなく持ち帰ることができたであろう。大成功に終わった。船上で漁師さんから、「来年も来る?」と尋ねられ、「よろしくお願いします」と答えた。来年度以降も続けられることになった。

私は船上で漁師さんから、大きなタイを頂いた。メイが釣ったものよりも二回りほど大きかった。〝俺が釣ったことにして家族に自慢しよう〟と考えた。しかし学校に戻らなければならないので、最寄り駅がおなじタイキに、「嫁はんが駅まで取りに来るから、これを渡してほしい。漁師さんにもらったことは内緒やで。俺が釣ったと言ってや」と頼んだ。タイキは快く引き受けてくれた。

仕事が終わり、午後九時頃に帰宅した。食卓にはタイの刺身とあら炊きが並んでいた。「すごいやろう。俺が釣り上げたんやで」と誇らしげに言うと、妻が「持ってきてくれた子の言ったことをそのまま伝えるね。『先生の言葉をそのまま伝えます。漁師さんが釣ったんやけど俺が釣ったと言えって言われました』」と笑った。すぐにタイキに電話して、「お前バラしたな」と言うと、「嘘はあかん、人は正直に生きなあかんって教えてくれたのはしげきやで」と言われた。タイキに完全に一本取られた。

5　問題解決はみんなで

学校生活にも慣れ、最も楽しめるのが二年生の時である。クラスの子どもたちもこれまで以上に楽しんでいるように見えた。それに伴い、ハメを外し過ぎる行為が増えてきた。学校外で事件を起こす、または犯罪に巻き込まれる子も出てきた。

ヒロトは自分を強く見せたいのか、周りに対していつも自らのやんちゃぶりを自慢げに話していた。だから、その時の勢いに身を任せ行動してしまうことが多く、抑えがきかなくなる場面がよく見られた。本来は家族思いの優しい子なのだ。そんなに突っ張らなくてもよいのにと、私は思っていた。

新学期早々に、ヒロトの父親から、「二人の友人と一緒に逮捕されてしまいました」

と学校に連絡があった。当時、よく耳にした「おやじ狩り」をしたようであった。彼は特にお金に困っていたわけではなかった。主犯でもない。友人に誘われ「ノリ」でやったのであった。しかし、共犯者でも罪は重い。結果、「約一年間の少年院送致」とされた。

また、五月下旬、ユズは「シンナーを倉庫から盗んだ」という件で逮捕された。鑑別所で一か月近く観護措置されることとなった。その後の審判で「保護観察処分」と言い渡された。彼は母子家庭で、母思いの優しい子であり、友人関係も良かった。シンナーの吸引については常習性がなく依存症にはなっていなかったので、この事件をきっかけにして、きっぱりシンナーを止めることができた。早いうちに捕まって良かった。

五月に転校してきたノゾミは、しばらくはクラスに馴染めなかった。六月に入り、「彼氏ができた」と嬉しそうに話していた。しかし、彼氏の影響で学校を休むことが増えてきた。

六月の中頃、「窃盗事件で逮捕された」とあわてた様子の母親から連絡があった。「私の言うことはあまり聞いてくれない」と嘆いていた。ノゾミは鑑別所送致となったが、その後の審判で「保護観察処分」と通告された。鑑別所から出て登校すると、みんなから暖かく迎えられた。女子高からの転校であったので入学当初は男子たちに圧倒され、みんなと距離を置いていた。しかし、みんなの優しさに包まれてどんどんクラスに馴染んでいった。「みんな優しい。転校して良かった。前の学校より楽しい」と喜んでいた。私は、「やっとクラスの一員となれたな」と安心した。

生徒が鑑別所や少年院へ送致されることになれば、以前なら有無を言わさず退学であった。生徒の意志や思いに寄り添うことはなく、復学の機会も与えられない。学びの場が奪われることになる。「校則が子どもたちの学ぶ機会を奪うものであってはならない。ましてや学校外で起きたことである。本人たちは十分反省している。反省があればそれで良い。逮捕されるような出来事があった生徒を切り離すのは簡単である。しかし、そんな時こそ救いの手を差し伸べてあげるのが教育者の役目であろう」と私たちは考えた。

こんな時には、私は機会をみつけては、鑑別所に出向いて本人と面会をするようにした。最初は、「鑑別所に高校教師が面会に来た前例はない」と言われ、面会許可が下りなかった。窓口で押し問答となることもあった。私はこの学校の方針や姿勢、今後の子どもたちとの関わりなどについて、丁寧に説明をし続けた。鑑別所の理解は、「鑑別所に収監された生徒は高校から厳しい処分を受ける」というものであったので、「退学処分にはせず、学校に戻し、これまで以上に支える。そのためにも面会が必要だ」という学校と出会ったのは初めてのようであった。「きまりなので許可できない」と言われながらも話を重ねるうちに、「生徒の更生を願い、寄り添う姿勢」を理解し共感してくれた。鑑別所の所長さんが、「では、私の判断で許可します」と言ってくれて面会することができた。

こうして最初のヒロトの面会許可を受けるのは苦労したが、その後の二人についてはすぐに面会することができた。それ以降は、私たちの学校の教師が面会する際は特別な許可を得る必要はなくなり、ほかの先生たちも面会に行った。

私は、彼らの面会に行くたびに、クラスで「三人の鑑別所での様子、今考えていること、みんなへの思い」などについて報告した。逮捕されたことは私よりみんなの方が早く知っていた。もちろんクラスに伝えることはそれぞれから許可を取っている。

そのとき、ツヨシが「一人だけのために、先生はそんなに動いてくれるんや。中学のときは『お前一人だけのために関わっていられない。一人のためにみんなを放っておけない』とよく言われた」と言った。私は、「俺には三人の子どもがいる。その中の一人が病気になったとしたら、その子に掛かりっきりになると思う。他の二人は健康なので今は放っておいても大丈夫、関わらなあかんときに関わらへんと。自分が病気になったときも『他の二人がいるからお前だけに関わられへん』って言われたらどう思う？　俺は、誰か一人のためにみんなを放って行くことがあるかもしれんけど許してや」と思いを伝えた。

「じゃあ安心や」とツヨシが言った。ミヤジが、「お前、何かやらかしたのか」と突っ込んだ。「まだ何もしてへんよ」と答えた。「まだって言うことはこれから何かやらかすということか。ツヨシのときは放っておくけどね」と私が言い、みんな笑った。

その後、三人に対する思いがみんなから出された。優しい言葉が溢れていた。「別に捕まったからと言って差別したりしないよ」、「友達には変わりない」、「俺たちは会えないの？」、「しんどいやろうけど我慢して頑張りやって伝えてや」など嬉しい言葉が並んだ。クラスが暖かな空気に包まれた。ツヨシが、「ユズがいなくて寂しいやろうけど、メイ、いつでも俺が慰めてあげるからな」と言うと、「それは危ない」とみんなが突っ込んだ。メイは恥ずかしそうにはにかんでいた。メイとユズは交際して間もないのであった。

ある日、ケンタが下級生を殴った。屈辱的な言葉をぶつけられ、さらに反抗的な態度に腹を立てて一発殴ってしまった。ケンタは誰に対しても優しく、何事に対してもまじめに取り組む方であった。暴力を振るうことなど考えられなかった。この時は、かなり馬鹿にされ、耐えかねてのことであった。その結果は最悪であった。

殴られた子は早退し、その足で病院へ向かった。診断結果は、「打撲、全治五日」であった。それを持って彼は母親と共に警察署へ出向き、被害届を出した。学校には何の相談もなく素早い行動であったので、学校は何も関与できなかった。翌日、二人の警官が来校し、「現場検証」が行われた。学校にとって初めてのことであった。

こうして被害者と加害者の関係が出来上がってしまった。その後、被害者側から代理交渉人と名乗る男性まで現れた。校内でのことにも関わらず、私たち教職員がまったく関わることができない。歯がゆい気持ちで見守るしかなかった。その後、裁判所の調停に委ねることとなった。結果、慰謝料を支払うことで決着した。

私は、ケンタに同情すべき点は多々あったが、二人で話したときには、「暴力で解決することは何もない」と伝えることしかできなかった。ケンタは大きな代償を払い、「暴力否定」を自分の中に沁み込ませた。クラスの中はケンタに同情する意見が多かった。暴力は否定するものの、放課後のホームルームでは、「今回は仕方がない」、「ときには必要な暴力もある」などと言う声も聞こえた。私は複雑な思いでみんなのやり取りを聞いていた。この日は、ケンタの気持ちを考えるとこれ以上の議論を重ねることはできなかった。

彼らのそばには、薬物、犯罪、暴力などがある。これらから逃れることは、子どもたちだけではできない。身の回りで起きたことを題材に、一緒に考えていくことで学んでいくしかない。そのためにも、「彼らとの繋がりをいっそう強くして、どんなことでも話せる相手だと認められる存在にならなければならない」と強く思った。

6　しげきがキレた⁉

二年生の二学期に入り、子どもたちがグループ化することもなく、まとまりを感じるようになった。誰もが自由に意見を出し合えるようになってきた。しかし、周りの視線を気にすることもなく、「ノリ」でやってしまういたずらが目立つようにもなった。「みんなに笑ってほしくて、学校内外で行き過ぎたといえるいたずらが増えた。あとさきを考えない行為・行動。「どこまでなら許される？」などと、私たちを試しているかのようなこともあった。私たちは、彼らがやらかしたことの後始末に追われる日が続いた。

ある日、学校の近くにある土木建築会社の社長から呼び出しを受けた。私はすぐにその会社へ出向いた。「おたくの生徒が資材置き場に置いてあるユンボを許可なく運転した」と言われた。ユンボとは車両系小型建設機械のことであり、地面を掘ったり、コンクリートや岩を砕いたりするときに用いられる。「これまでもタバコを吸っていたり、原付バイクで二人乗りしているなどをよく見かけた。それについては私たちが直接迷惑するわけでもないから放っておいたが、今回ばかりは放っておけない」と厳しく叱られた。

ユンボが置いてあったという資材置き場は、学校のすぐ前にあった。「すぐに調査して指導します。そして改めて謝罪にうかがいます」と答えた。社長は、「謝罪は結構ですから、二度とこのようなことが起こらないようにしてください」と言った。そして、「何度か見かけたことがあるので、おたくの生徒に間違いない」と言ったが、内心、「うちの生徒ではないように」と願いながら、その会社を後にした。

学校に戻りクラスのみんなに尋ねてみると、ミヤジとサクライが名乗り出た。「やはり、うちの生徒やったか。しかも俺のクラス。うちの生徒じゃなければ、抗議してやろうと思っていたのに……」と思った。「なんで乗ったんや？」と尋ねると、「座席に座ってみると鍵が付いたままやったから捻ってみた。するとエンジンがかかったので動かしてみた」、「そしたら、『こら！』という声が聞こえたので慌てて逃げた」と答えた。

隠すこともなく、正直に言ってくれたのは嬉しかったが、やったことに対しては、厳しく注意した。彼らは私の言うことを素直に聞いていた。

その後、教頭と一緒に菓子折りを持参して謝罪に行った。「あのような子を抱えて、先生たちも大変ですね」と笑っていたので、「みんな決して悪い子ではないのです」と返したが、子どもたちのことをバカにされたように感じ、とても悔しかった。それを言うと教頭が、「うちの生徒は世間からそう見られているんや、しかたがないよ」と笑ったが、私は、まるで他人事のように言う教頭にも腹立たしく感じた。

教室で五〇分間の授業が耐えられない、じっとしていられない生徒が少なからずいる。イライラして落ち着かないまま教室にいても授業に身が入らないばかりか、周りにも迷惑をかけてしまう。このようなことが日々起こっていた。このことの解消に繋がる何かがほしいと考えていた。少しの時間教室を離れると、気分を変えられるのではないだろうかと、話し合って、そのための部屋として「リフレッシュルーム」を作ることにした。使っていない教室を開放し、その中の机をいくつか向かい合わせにして喫茶店のようにした。授業中であっても「出入り自由」とし、気分転換ができたら、再び教室に戻るという仕組みである。

私は、休み時間や空き時間をなるべくこの教室で過ごすようにしていた。しかし、私がいるとリフレッシュできないこともあるのではないかと思い、ときどきその教室を覗くだけにした。

この部屋で、先輩たちと繋がり、談笑したりトランプをして楽しんでいる様子をよく見かけた。「みんなに任せておけば大丈夫。先輩たちも、以前とは違う柔らかい表情になった」と安心していた。しかし、これが最悪の状態を導くこととなった。「リフレッシュルーム」が「喫煙ルーム」となっていたのだ。毎日吸いがらの掃除をすることになった。机の中、窓の下などから拾い集めた。何度注意をしてもなくならない。私がこの部屋にずっといるしかないのか、いや、それではリフレッシュルームにはならないなど、様々な考えが頭を巡った。そこでしばらくの間その教室を閉め、その間に生徒たちで「使い方」

を考えてもらうことにした。そして良い提案がくることを期待した。しかし、誰からも何の提案もなされることなく、リフレッシュルームはなくなった。

はじめるときには、「ナイス！」、「気分転換は必要」、「俺らのことをよく理解してくれている」などの意見がいっぱいあったのに、閉鎖しても何もないのには落胆した。子どもたちのことが分からなくなっていくように感じた。

その数日後の放課後、玄関にいると外から歓声が聞こえ、外に出てみた。大量の紙吹雪が舞っていた。校舎横には見物人がたくさんいた。そのほとんどが私のクラスの子であった。見上げると三階の窓からツヨシの顔が見えた。私の顔を見るや否や首をひっこめた。私は急いで三階へ上がった。教室に入ると大きなゴミ袋が窓際に残されていて、中には大量の紙屑が入っていた。「全部撒かれなくてよかった」と思ったが、ツヨシはどこへ行ったのだろう。

とにかく早く掃除しなければと思い階段を駆け下りた。外の光景を見て愕然とした。自転車置き場から道路に至るまでが、無数の紙吹雪で埋め尽くされていた。「よくもこれだけたくさんの紙吹雪を作ったものだ」とあきれた。教職員が総出で片付けをした。今朝まで降っていた雨の影響で、紙が地面からなかなかはがれず苦労した。生徒にも手伝ってもらおうと考えていたが、普段は遅くまで残っている子も含め、すでにみんな帰っていた。多くの先生たちの手を煩わせることになり、申し訳ない気持ちで一杯になった。すべての紙吹雪を取り除くのに一時間以上も要した。紙を撒いたツヨシと、早々に帰って行った子たちに対して「怒り」が沸き上がった。「あいつら、今回は許さん」

翌日、怒りが収まらないまま出勤した。一時限目が終わりしばらくして、「先生、すぐに来てください」と、ある先生から呼ばれた。三階へ上がると、消火栓のホースが引き出され、廊下の端まで到達していた。「またやりやがったな」。私は「今は何も言わない、放課後まで我慢」と、怒りを抑えながら引き出されたホースを片付けた。元の状態に戻すのに二時間ほど要した。子どもたちの視線を背に感じていたが、この時ばかりは私の背中から出る怒りのオーラを感じたのか、誰も近づこうとはしなかった。

「今日は放課後には言いたいことを遠慮せずに言う。自分の思いも伝える」と考えていた。六時限目が終わり、晴れぬ思いを抑えながら重い足取りで教室へ向かった。教室に入るとみんなはざわざわとして、何か落ち着かない様子であった。ツヨシがノー天気にいつもと変わらず冗談を言い続けていた。私は、「ツヨシ、何か言うことないのか？」とやや怒り口調で言った。「別にない」と答えた。「みんなも紙吹雪と消火栓について、何か言うことはないのか？」と重ねて聞いてみた。みんな、「私は関係ない」という感じで、数名が雑談まで始めた。

「こいつらいつまで知らぬふりをしているのか」と私のイライラが沸点に達するのを感じた。「お前ら、いい加減にしろ！」と、教卓を蹴ったその瞬間、バタン！　ガチャン！と凄まじい音を立てて教卓が倒れると同時に、バラバラに壊れた。教卓は、合成板の下にスチール製の板と足で作られていた。クラス中が一瞬にして凍り付いた。私は「お前ら、勝手にしろ！」と言い放し、教室を出た。トイレに向かい、いつものようにトイレ掃除を始めた。掃除をしながら「あぁーあ、やってしまったなあ…少し怒り過ぎたなあ。明日はどんな顔してあいつらと出会おうか、あーぁ」と少し後悔していた。

トイレはクラスのすぐ隣にあった。みんなが帰る足音がなかなか聞こえない。「あれ、まだみんな帰っていないのかな？」と気になって、そっと教室の扉を少し開けて覗いてみた。そこには、想像していない子どもたちの光景があった。タイキ、ミヤジ、サクライたちがハンマーを片手に壊れた教卓を修理していたのだ。私は、大きくドアを開いた。

驚いている私に、ノブが「職員室からハンマーを借りてきて修理してる」と言った。トントンと乾いた金属音が教室に響いていた。「しげき、めっちゃ怖かったよ」とユウが言った。そして「担任がやってしまったことは、俺たちの責任でもあるからなあ」とユズが笑った。私はとても恥ずかしくなった。

「これで直ったで」とタイキが言った。「しげき、ここに立ってみて」とサクライが教卓の前を指さした。みんなが席に着いた。見ると誰一人帰っていない。私は恥ずかしさいっぱいで、「みんなごめんな。ちょっと力を入れ過ぎたかな」と苦笑いを浮かべた。

「ちょっと大人気なかったよな」とツヨシが続けた。「お前が言うな」とハヤトが突っ込み、みんなが笑った。誰も帰ろうとせず、教卓の修理を見守っていたらしい。みんなの思いが私の心に突き刺さった。あとはいつものように冗談を言い合い帰りのホームルームが終わった。「また明日」とみんなを見送った。

「あいつらイキなことする。ほんまにいいやつらや。またあいつらに教えられた。これからもあの子たちの正直な思いと行動を引き出せる関係を構築していきたい」と思った。この日は昨日とは異なり、すがすがしい嬉しい気持ちで学校出ることができた。

私たち教員は、子どもたちとともに歩み、喜怒哀楽のすべてをこどもたちから与えられる。それは幸せなことである。そうしみじみと感じさせられた一日であった。

7　民主主義ってなに？

ある日の総合学習では、「いたずら」と「悪事」の違いについてみんなに尋ねてみた。「悪事は犯罪」、「他人に迷惑をかけること」、「人を泣かせること」などの意見が出た。いたずらは、「誰も傷つけない」、「笑えること」、「一瞬驚いてもすぐに笑顔になれる」、「自分で後始末ができる」などであった。

「いたずらは笑えるけど、悪事は笑えない」とユウが言った。まったくその通りと思った。「いたずらは人間関係の潤滑油になり得ると思うよ」と私が言うと、「なんやそれ？よく分からんわ」とツヨシ。「いたずらはまわりの人を笑顔にする。最初はビックリしても、後でプッと笑えなければあかん」とメイが言うと、「俺もそう考えているんやけどね」とツヨシが言った。すかさずハヤトが、「お前のは限度を超えている。笑えない」と返した。ツヨシとハヤトのやり取りはいつもおもしろい。私は、「楽しいいたずらやったら歓迎するよ。みんなで笑い合えるのを考えてや」と締めた。

数日後のこと。またまた、やらかした。「よくも懲りずに同じようなことを繰り返すなあ。先日の総合学習の時間はなんやったんやろう」と呆れた。少し前も紙吹雪や消火栓のことがあったところなのに、本当に懲りない面々である。六時限目が終わり、帰りのホームルームを行うために教室へ向かおうとしたとき、「先生、表に出てみてください」と事務員さんに呼び止められた。「今度は何をやらかしたのや」と外に出た。「あれを見てください」と三階の私が担任するクラスの窓を指さした。何本ものトイレットペーパーがゆらゆらと風に揺られていた。「今度はトイレットペーパー？」と私を呼んだ事務員さんと顔を見合わせた。「先生のクラスは大変ですね」と笑っていた。私は急いで教室へ向かった。

教室に入るとみんなが座って私を静かに待っていた。このような状態で静かに座っているときは必ず何かがあるのである。どうやら「しげきは、まだ何も知らない」と思っているようであった。「さあ、今日の出来事について振り返ります」と投げかけてみた。「俺は何も知らん」とサクライが言った。紙吹雪の件では、かなり私を怒らせたので防御線を張ったのであろう。「もう、わかっているよ」と言うと、慌てたようにタイキとウノが窓のそばに行き、ペーパーを引き上げた。

私が、「窓の下にトイレットペーパーが転がっている」と言うと、「はーい」と、タイキとニイサンが教室を飛び出して行った。ニイサンとは、いつ誰が言い出した呼び名か分からないが、その風貌や口調からうまく付けたなあと思っていた。彼は一年生の時は無口であまり目立たない存在であったが、「ニイサン」と呼ばれるようになってからクラスに溶け込み活発になった。

しばらくして、二人は五、六個のトイレットペーパーを持って戻ってきた。「拾ってきたで」と教卓の上に置いた。「さあ、これをやったのは誰かな？」と尋ねてみた。誰も名乗り出ない。すると、「ここは日本。民主主義の国。民主主義に則って多数決で決めよう」とサクライが言った。「えっ、民主主義？」と私が聞き返した。「多数決は民主主義や。それで決めるのが公平や」とハヤトが言った。

「みんなはそれでいい？」と私が再度聞く。誰からも反対意見が出なかった。「こんなんで決めて良いのか」と思っていると、ミヤジが、「みんな分かっているから早く多数決しよう」と笑いながら言った。「えっ、分かってるってどういうこと？　はーん、そういうことね」と思い、「みんなもそれでいい？」と問い直してみた。「それでいい」と言う声しか聞こえてこなかった。「じゃあ、多数決で決めます。みんな誰だと思いますか？」と尋ねた。「犯人を多数決で決める」という前代未聞のことである。すると「そんなことするやつ、一人しかおらんやん」とユズが言った。「ツヨシ君だと思います」とハヤト。よく見るとツヨシがいない。ほかの者も「そう思う」、「その意見に賛成」、「そんなことするのはツヨシしかおらん」など、大多数が「ツヨシ」と言った。私は「では大多数の賛成により犯人はツヨシに決定します」。そこへ遅れてツヨシが戻って来た。「ツヨシ、おまえに決定した」とハヤトが笑顔いっぱいで言った。「何のこと？」とツヨシが言うので、「窓からトイレットペーパーを投げたのは、多数決でお前に決定した」と私が告げた。この時は、なんのことか本当に理解していないのか、それともとぼけているのかが分からなかった。ミヤジが「とにかく、犯人はおまえに決まったんや。ここは潔く謝れ」と言うと、「ごめんなさい」とツヨシが素直に言った。私は笑顔で、「素直でよろしい」とツヨシの肩を叩き、「帰りのホームルーム」を終えた。それ以上は何も言わず、あとはみんなに委ねようと思った。

翌朝、いつものように出勤すると、ウノとニイサンが職員室の私の席のすぐ横の床に正座している。「お前たちどうしたん？」と尋ねた。「昨日のトイレットペーパーは僕らです。すみませんでした」と、深々と頭を下げた。「おいおい、そんなことするなよ。

昨日の件はほんまにお前たち？」と問い返した。「はい」と答えた。私は「正直に言ってくれてありがとう。もういいよ」と言って二人を教室へ向かわせた。「なんで、本当のことを言いたくなったのだろう。それに土下座までして謝ったのはどんな心境からなんだろう」と不思議だった。

その日の放課後、「昨日の件はツヨシではありませんでした」と報告した。みんなは、今朝の『二人の謝罪』を知っていたようであった。「ツヨシ、ごめんな」と私が謝ると、「いいんやで、誰でも間違いはあるから。俺、心広いから」と言ってくれた。みんなが笑った。この件はこれで終わりにした。

そして、「いつも多数決が正しいとは限らない。そして、民主主義は多数決で決めることでもなさそうやね」と問いかけてみた。「じゃあ、多数決はあかんの？」と言う声がした。「最後は多数決で決めることだってある。でもすべて意見を出し尽くしてからのやむを得ずの多数決やねん。どんなことでもすぐに多数決で決めたらあかんのやで。少数意見も大切にして誰もが話せる関係と環境が大切。どの人も平等で対等に物が言えるのが民主主義の基本やと思うよ」と私の思いを伝えた。

「俺が民主主義を考えるきっかけを作ってあげたんや。みんな俺に感謝しろよ」とツヨシが言った。「たまたまや、調子に乗るな。しげき兄ちゃんが、さっき何言うたんかわかるんか？」とハヤトが突っ込むと、「そんなん一回で理解できたらこの学校に入学してないわ」と返した。みんなが笑った。いつもの二人の絡みでの終わり方ではあるが、みんなの中に少しは、今日のやり取りが残っていることを願った。

そして早々に、この時みんなと確認したことが試される日がやって来た。私は休暇を取った先生の代わりに、あるクラスで授業をしていた。その先生から預かった課題をさせていた。授業が残り五分程度で終わろうとしたとき、教室の扉の外側から、「失礼します。消防点検です」という声が聞こえると同時に扉が開いた。そこには、ヘルメットをかぶり手に消火栓から引き出されたホースをもったサクライとウノが敬礼をして立っていた。私を見つけると、「このクラス異常あり。撤退！」と慌てて走り去った。

廊下に出ると私のクラスの生徒たちが十人ほどいた。「お前らいい加減にしろ」と叱りつけた。みんな口を揃えるようにして、「ごめんなさい」と言った。サクライとウノは廊下の端にある消火栓の中に懸命にホースをしまっていた。私は「これはいたずら？」と考えていた。二人の行動はおもしろかったが、「ここは笑ってはいけないだろう」と、必死で笑いをこらえた。あとで廊下にいた子たちに「お前たちも共犯？」と尋ねると、

「サクライとウノが、ヘルメットをかぶりホースをもって入ってきて、「このクラス異常なし」と言って敬礼をして出て行ったので、釣られてみんなが廊下に出たと言う。「あいつら、この時間はしげきは授業がないとあらかじめ調べて実行したみたい。でも、いるはずのないしげきがいたので慌てて片付けた」とケンタが説明してくれた。「じゃあ、お前ら関係ないやん。なのになぜ謝った？」と尋ねると、「あんなに怒っていたら、とりあえず謝るしかないと思った。それにこの前、叱られたばかりやしね」とコヤマが答えた。コヤマは野球部に所属し、スポーツが好きで何より体育の時間を楽しみにしている。あまり目立たない存在であったが、ケンタと共に、いつもクラスの様子やみんなの思いなどを的確に伝えてくれる。

「そうなんや、それは悪いことしたな。ごめんやで」と言うと、「あいつらほんまにこりへんでな」と笑っていた。「まあ、懸命に後片付けして、きちんと元通りに戻していたので、今回は『いたずら』で済ませることにした。先日の話がどこまで届いているのか分からないが言い続けるしかない。「つぎは何をやらかしてくれるのかな。笑えるものであればいいけどな」と不安と期待が入り混じった不思議な感覚であった。

第三章　繋がりを感じる最終学年

1　子どもたちのことは子どもたちで

二年生の三学期の一月、もうすぐ少年院から退院して来るヒロトをどう迎えるかについてみんなに考えてもらった。私は、「まずはご飯を食べに行く」とヒロトと約束していた。みんなは、「あまりおおげさに構えないで自然に迎える」ということでまとまった。誰からも「受け入れられない」という声が上がらないことに安心した。タイキ、サクライ、ケンタたちからは、「俺らに任せてくれたらいいようにするよ」の声があった。私と「ご飯を食べに」行った後は、みんなに任せることにした。

ヒロトは二年生が終わろうとする二月に戻ってきた。さっそく彼は父親と共に来校した。私は、「おかえり」と玄関で迎えた。髪型は角刈り、体は二回りほど大きくなり、筋骨隆々なガッチリとなっていた。以前のきゃしゃで幼い顔つきのヒロトとは別人のようであった。応接室で私とヒロトと父親と三人で話した。起こしてしまったことへの反省や施設で経験したこと、特に苦しかったことや厳しさなどについて静かに語っていた。彼からはほとんど笑顔が見られなかった。その理由は、応接室を出て分かった。

外へ出ると、ツヨシ、タイキ、ノブ、オノ、カズの五人が玄関横に座りこんでいた。一斉に「おかえり」と呼びかけた。すると、ヒロトは鋭い目つきで「こいつだけは許されへん」とツヨシを指さした。ツヨシは、何も言わずに気まずそうにしていた。二人は同じ中学の出身で、私は一番の仲良しだと思っていた。歓迎するつもりでそこにいたみんなが凍り付いた。私は、"何かあるのだろうけど、今日は彼を迎える日だ。ややこしい話はまた今度にしよう"と考えて、ヒロトをなだめながら近くのレストランへ向かった。

二人だけの晩御飯が始まった。ポークステーキセットを食べた。ヒロトはフォークとナイフを器用に使いこなしていた。「お前、上手に使うやん」と言うと、「あんまり使ったことない。少年院では箸とスプーンしか使ってないよ」と笑っていた。こわばっていた顔も柔らかくなり、以前のヒロトが戻ってきた。時折り冗談を交えながら、クラスのこれまでの様子などについて話した。ヒロトは「みんな子どもやなあ」と笑いながら聞いていた。そして、「前は釣りによく行ってた、久しぶりに行ってみたいなあ」と言った。「じゃあ、行こう。うちの子どもたちに教えてあげてや」と一緒に釣りに行く約束をした。ツヨシの件は気になったが、この時はあえて触れないようにした。「きっとまた、クラスに戻ればみんながなんとかしてくれるだろう」と楽観的になっていた。それまでは、「俺がなんとかしなければ」と思ってきたが、私も「子どもたちのことは、子どもたちが解決してくれる」と思えるようになっていた。

次の土曜日の夜、妻と我が家の三人の子どもたちを連れ、ヒロトと共に夜釣りをした。何が釣れるか分からないが、エビやゴカイを付けて投げ込んだ。ヒロトは、手慣れた手つきでサオを操り、かなり遠くまで投げた。〝なかなかやるな。釣りに行きたいって言うだけのことある〟と感心した。子どもたちにも優しく教えてくれた。四時間ほど釣りをしていたのだが、誰にもヒットすることなく終了した。「季節と釣り場が悪かったかなあ」とヒロトが言っていたが、投げ釣りをしたことのない小学生三人の面倒を見ながらでは釣りにならなかったであろう。まったく釣れなかったが、一緒に行けて良かったと思った。「お兄ちゃん、また教えてや」と言う子どもたちに苦笑いを浮かべていた。ヒロトは、もうこりごりだと思っているなと感じた。

ヒロトが戻ってきて一週間。ヒロトとツヨシが笑いながら話しているのを見かけた。タイキに「あいつら大丈夫？」とそっと尋ねてみた。すると、「心配いらんよ。誤解が解けて今は見ての通り」と言った。「苦労かけたね。ありがとう」とタイキの肩を叩いた。

「あいつらに任せて良かった」とうれしくなった。

いろいろなことがあった二年間であるが、クラス全員が揃い、三年生を迎えることができた。「最終学年、それぞれに課題はあるが、みんな一緒に卒業するぞ。それまでみんなで楽しい時間をいっぱい作りたい」と強く思った。


三年生になった四月、メイとユウが「相談がある」とやって来た。「三人組がもめているようで見ていたらしんどくなる」と言う。三人組とは、タツオ、ギンタ、シズヤのことである。「えっ、あのおとなしい三人がもめるの？」と聞き返した。二人の話によると、「シズヤがタツオとギンタに対し、無理難題を言い、王様のように振舞っていて、それを見ているのが辛い」とのことであった。「男子たちは？」と尋ねると、「男子たちがいるところでは何もしない。みんながいないところでしかやらない。男子たちに相談しても『そんなん放っておけばいい』とまったく相手にしない」と答えた。とりあえず、タツオとギンタに話を聞いてみることにした。シズヤに悟られないようにして、昼休みに二人を呼び出した。「シズヤと何かある？」と尋ねてみた。ギンタは何か言いたげであったが言葉が出ない。タツオは他人との会話が苦手なのだが、言葉を探しながら懸命に話してくれた。

「シズヤがなにかにつけて命令してくる。これまでは学校が休みの日もシズヤの自宅でよくゲームをして遊んでいた。ところが最近になって、急に怒り出したり無理な命令ばかりしてくる。命令は絶対に聞かなければならない。呼び出されて行かなければ暴力を振う。怖い。前のように楽しく遊びたい。今のままでは遊びたくない」と辛そうに語った。ギンタも悲しそうな表情を浮かべながら、うなずいていた。シズヤのようなおとなしい子でもこのようなことをすることに驚いた。しかも三人は中学時代に学校でからかわれたり、いじめられたりした辛い経験もある。シズヤも、これまで私が何を話しかけても「うん」と言う返事が返ってくるだけであった。会話になるか分からないが、とにかくシズヤと二人で話してみることにした。できることなら、彼自身の言葉で今の思いを聞いてみたいと考えていた。

その日の放課後、シズヤと応接室で話した。タツオとギンタの思いを伝えながら、「本当なの?」と尋ねてみた。しかし、シズヤは、ほとんど表情を変えることもなく私の話を聞いているだけであった。否定も肯定もしない。俺の話が伝わっているかな、理解できているかな、と不安になった。そこで話を細かく区切って、「これであってる?」や「間違ってない?」などと一つ一つ確認しながら話をしてみた。彼は、静かにうなずくだけであったが、タツオが言っていたことは間違っていないように感じた。

「これからどうしたい?」と尋ねても返事が返ってこない。だが、「これからは命令せずに二人と仲良く遊べる?」の言葉には、大きくうなずいた。「別に無理して二人遊ぶことはしなくていいんやで。もう遊びたくない?」と尋ねると、大きく首を横に振った。

「それなら、これからは仲良くできる?」と再度確認してみた。すると「うん」とうなずいた。別れ際には、彼の表情が少し柔らいでいるように感じた。こうして、シズヤからは「うん」という言葉しか聞けなかった。ほとんど表情を変えることもない。でも、「違う」と思った場合は首を大きく横に振った。言葉を交わし合うことはできなかったが、意思疎通はできたように感じた。

翌日、タツオとギンタにシズヤとのやり取りについて説明をした。タツオは「前のように楽しく遊べるのなら、また三人で遊びたい」「ギンタもそれでいい?」と尋ねると、うなずいた。少し笑顔を浮かべているように見えた。その後、メイとユウにもこれまでの三人とのやり取りについて説明した。私が、タツオとギンタに話している間、彼女たちはシズヤに話したようであった。「きつく言ったの？」と尋ねると「きつくは言ってないよ。でもちゃんと分かってくれたよ」とメイが答えた。「シズヤ、しゃべってくれるの？」、「うん、ちゃんと話すよ。これからは仲良くすると言っていたよ」と答えた。私には何も話そうとはしないが、彼女たちとは話をするのだと安心した。「今後も様子を見てね。何かあったら相談に乗ってあげてね」と頼んだ。この日以降、三人は仲良くなったようで、時折タツオに「いけてる？　問題はない？」と尋ねると「いけてるよ」と笑顔で答えてくれた。

「やはり子どもたちのことは子どもたちが解決する。私たち教師が見えることはほんの一部。見えないところは子どもたちに委ねるしかない。学校は教師と生徒たちが、互いに安心して、もたれ合うところでなければならない」と改めて教えられた。

2　修学旅行は二度

二年生の三学期、「修学旅行はどこへ行きたい？」とクラスのみんなに尋ねてみた。

昨年までは、「六月の沖縄と一月の北海道スノーボードのいずれかの選択であった。意見は真っ二つに割れ、どちらにも決めることができなかった。「どっちも行くことはできないの？」とユウが言った。「それは予算的にむりやな」と答えた。積み立てているのは一人に付き八万円であり、これで沖縄と北海道の両方に行くのは無理であった。これ以上の負担は求められない。「沖縄へは行くとして、北海道ではなく近場でスノボへ行くのなら予算内でやれるかもな」と提案してみた。「そうしよう」と全員一致で決定した。

この日より私は業者との交渉を始めた。なかなか受けてくれる業者が見つからない。過去に学校の職員旅行や我が家の家族旅行などでお世話になったことがある業者に依頼してみた。唯一その業者の感触が良かったものの、少し予算をオーバーしていた。「生徒たちにどうしても沖縄とスノーボードに行かせてあげたい。でも予算は八万円しかありません。なんとかお願いします」と頼み込んだ。「一度持ち帰らせてください」と帰って行った。

後日、その業者が企画書を持参して再度来校してきた。「先生、頑張りました」と企画書を差し出した。沖縄もスノーボードも二泊三日で、依頼した行程とは少し違ったが、予算内に収まっていた。予算内に収めるために沖縄での見学地が二か所ほど削ってあった。その分、自由時間が増えていた。「自由時間が増えて喜ぶだろう」と思った。

納得のいく計画であったので、「これでお願いします」と合意した。「粘ればなんとかなるもんだ」。さっそく子どもたちに報告すると、みんな拍手喝采で喜んでくれた。

六月中旬、沖縄へ出発した。飛行機に初めて乗る子も多く、みんなの不安と期待を感じた。飛行場から機内に至るすべての時間が楽し過ぎるのか、ずっと大盛り上がりであった。「他のお客さん、ごめんなさい。お騒がせしますが少しの時間我慢してください。みんなもすこしは周りの人に気遣ってね」と心の中で手を合わせた。

離陸、上空での揺れ、着陸と、何かにつけて歓声と悲鳴が上がった。周りに気を使い過ぎて、私にとっては機内で過ごす二時間が針のむしろに座らされている気分であった。着陸し、「やっと着いた。昨晩は嬉し過ぎてあまり眠れなかった子もたくさんいたのに、誰も眠らず、ほんまに元気なやつばかりや」と笑った。この子たちに、「静かにとか、おとなしく」などという言葉はどこにいても届かないことを再確認した。

沖縄は、「まずはひめゆりの塔から」と決めている。これは私の「こだわり」であった。クラス代表が献花し、みんなで手を合わせた。あんなにはしゃいでいた子たちがこの時は静かに手を合わせていた。ひめゆり平和記念資料館に入ると、真剣な眼差しで写真などの展示物に見入っていた。驚きの鼓動や戦争の悲惨さを強く感じ取る呼吸音が聞こえた。彼らにとって貴重な沖縄との出会いとなったことであろう。

ひめゆりの塔を後にして食堂に向かった。用意されたテーブルに順々に着いた。席は自由でそれぞれが誘い合って座った。ツヨシ、シンヤ、ハヤト、ミヤジと同じテーブルに、校長と教頭が着いた。校長は八十歳を超えていて、しかも学校の旅行には初めての引率であった。「よりによって何であの席を選んだんや。あいつらおとなしくしていられるかな」と心配した。ところが心配をよそにみんな静かに行儀良く食事をしていた。あんなにおとなしくしている彼らを見るのは初めてであった。「あんなに静かにしてられるのなら、いつもあいつらのそばにいてもらおうかな」と思い笑えた。食事のあとに、「なんで校長の横やったらあんなに静かにいられるの？」と尋ねると、「大きな声を出したら倒れてしまいそうやから」とハヤトが笑った。

その後、バスに乗り込んで全員が乗車していることを確認した。校長と教頭がいない。「生徒が時間通りに乗車しているのに、何をしているのや」と思ったが、「お年寄りの二人が戻ってないので少し待ってや」とみんなに頼んだ。ミヤジが、「あそこへ行っていい?」と「ソフトクリーム」の看板を指さした。〝これを認めるとみんなが行き出して、さらに出発が遅れてしまうだろう〟と考え、行かせなかった。すると、「あんなのいけるん?」とミヤジが言った。みんながミヤジの指さす方向を一斉に見た。その店から校長と教頭がソフトクリームを食べながらゆっくりと出てきた。「ごめん、お年寄りやから許してあげて」とお願いした。二人が乗り込んできても誰も何も言わなかった。みんな、えらいぞ。それにしても……。時間ぐらいは守ってほしい、と思った。

その後、植物園、パイナップルパーク、美ら海水族館を見学してホテルに着いた。夕食後はゲームなどで盛り上がった。入浴後は「各部屋に戻り就寝」としていたが、みんながおとなしく寝るはずがない。深夜まで騒いでいたようであったが、そんなにむちゃはしないだろうと思い、私は「早く寝てやろう」と部屋に戻り床に就いた。でも寝かせてくれるはずもなく、明け方まで入れ替わり立ち替わり、生徒がやって来て、さまざまな話題で話し込んだ。結局、私が一番寝不足となった。

二日目はホテルに隣接するプライベートビーチで完全フリータイムの海水浴。校長と教頭は名所めぐりに出かけて行った。校長から、「南部めぐりに行くけど、あんたも一緒に行くか」と誘われたときには、「何を考えているのやら。子どもたちを放って行けるか」とあきれた。

ギラギラと照り付ける太陽、エメラルドグリーンに輝く海、どこまでも続く水平線、そこには大阪では決して見ることのない大自然があった。私たちは寝不足を忘れて沖縄の海を満喫した。海水浴はもとより、様々なマリンスポーツも楽しんだ。サクライの「みんな、相撲するで」の声で浜辺にみんなが集まってきた。私も参加した。「しげきに勝ったらアイスクリーム」となり、私は負けるとアイスクリームをおごらされることになった。私は格闘技の経験があるので少しは自信があったが、みんながあんなに弱いとは思わなかった。結局一度も負けなかった。

しかし、ハヤト、シンヤ、ツヨシの三人の姿が見当たらない。こんな時は必ずいるのに。誰に聞いても「知らない」と言う。電話をかけると出た。「浜辺で遊んでいたら、旅行に来ている女子学生と知り合いになり、ドライブしている」とのことであった。仕方がないので戻る時間を約束して電話を切った。信用して待つしかなかった。「あいつら、沖縄に来てまでも勝手なことをする」と、私の眠気は完全に吹っ飛んだ。

約束の時間になると、三人が戻ってきた。私は、彼らは時間など無視して遊んでくるのだろうと思っていたので、戻ってきたことに驚いた。「ちゃんと戻ってきたんやな」

と言うと、「約束したから」とシンヤが答えた。嬉しかった。

入浴の時間となり、私たちは大浴場へ向かった。風呂場に入って驚いた。目前に太平洋が広がる「展望大浴場」であった。海側には壁がなく、全面ガラスとなっていた。みんなから、「ウワー、めっちゃきれい」と歓声があがった。水平線に夕陽が沈もうとしていた。エメラルドグリーンの海が徐々に深い紺色へと変わっていく。暮れていく海がオレンジ色に染まっていく。「なんと美しい光景なんだ」。私たちは言葉を忘れガラスの前に立ちすくんだ。

水平線に夕陽が完全に沈んでしまう頃、「俺たちから海が見えるということは、海からも俺たちが見えるということやでなあ」と、ぽつりとサクライが言った。「えっ、誰か見てる?」とタイキが言った。「あそこにたくさん人がいるよ」とケンタが浜辺を指さした。「えっ、俺たち、見られた?」、「たぶん」、「さっきからチラチラこっちを見ていた」と言うケンタ。「それを早く言えよ」と、私たちは慌てて風呂に入った。全員一糸まとわぬ姿でガラスにへばりつくようにして海を眺めていた。「めっちゃ恥ずかしいやん」、「でも誰か分からんから大丈夫」、「女の人もいたで」、「ええもん見たって喜んでいるよ」などと言って笑い合った。「我を忘れるとはこう言うことやな」と思いながら風呂を上がった。

入浴後、夕食のバーベキューが始まった。夕刻の涼しい風の心地よさに誘われるように私は眠ってしまった。シンヤの「しげき兄ちゃん、焼けたで」という声で気が付いた。「だいぶ疲れてるね。でも箸を持ったまま寝てたら危ないで」と笑っていた。その後、みんなが私の所へ肉や野菜を運んでくれたが、眠すぎてよく覚えていない。その日の夜もみんなが、次々と私の部屋にやって来て話をしていたが、常にうとうとと寝ていたように思う。

三日目は国際通りでお土産を買った。持ちきれないほどの土産を買っている子もいた。楽しい時間はすぐに過ぎるもの。思い出をいっぱいバックに詰め込み、私たちは飛行機に乗り込んだ。みんな疲れ果て、死んだように眠っていた。「帰りは静かで良かった。みんなと一緒に沖縄に来られて本当に良かった」と旅行を振り返りながら私も眠った。

かつては事細かいスケジュールとルールを決め、外れた時の罰則まで決め、教員はその管理監督に追われていた。「旅行に来てまでこれかよ」と怒っている子もいた。私たちが子どもたちを信用していない「証《あかし》」である。子どもたちも信用されていない私たちに協力するはずがない。「見つからなければ何をしてもよい」と考える子もいる。それで、私たちもさらに監視管理を厳しくする。これでは真の信頼関係は生まれてこない。この修学旅行で『生徒を信じて任せる』ということが、最も大切だと再確認できた。

授業だけではなく、生徒たちと過ごすすべての時間が、信頼関係を築くための大切な時間であることを確信した。生徒が身勝手に行動すると、それは彼らの責任であると指導したり、ときには処分する。しかしそれは間違いであると思う。身勝手な行動を引き出してきたのは、生徒を信じようとしない教師側に責任があるのではないか。

私の「教師としての熱意」の根源は、生徒たちと過ごす中で得られる「感動」であることを実感した旅行であった。

3　妻がキレた！

三年生になり、クラスの生徒たちが頻繁に我が家へ来るようになった。私が呼ぶことも多かったが、「ヒマ」と言って訪ねて来る子もいた。我が家の子どもたちも週末になると、「今日はお兄ちゃんたち来ないの？」とみんなが来ることを楽しみにしていた。バーベキュー、鍋、魚釣りなど家族の行事には必ずと言っていいほどクラスの誰かが参加していた。愛犬の散髪、花壇の整理、ウッドデッキの塗装なども手伝ってくれた。週末は家族が増えているように感じた。

引きこもっていたマサも、週末は我が家で夕食を食べたり、トランプなどをして過ごすことが増えてきた。遠慮がちに鍋をつつくマサを見て、我が家の小学生が「お兄ちゃん、そんな食べ方してたら、みんなに食べられてしまうよ。もっとガツガツいかんと」と言うと、「みんなで鍋を食べるなんて初めてやから」とマサが嬉しそうに答えた。とてもかわいかった。

当時、我が家には体重が七十キロ近くあるセントバーナードの「サンタ」がいた。人なつこくて誰に対しても警戒心がない。昼も夜もほとんど寝ているので番犬にもならない。しかし、こいつが何とも言えずかわいい。サンタに会いに来る生徒もいた。暑い夏がくる前に散髪をする。「俺らがやる」とサクライとタイキがバリカン持参でやって来た。手慣れた手つきでどんどん刈ってゆく。サンタも協力するかのようにじっとしている。七〇リットル用のポリ袋がみるみるうちにいっぱいになり、散髪は終了した。すっきりとスマートになったサンタがサクライとじゃれ合っていた。身長一八〇センチ以上あるサクライがあんなにかわいく見えたのは初めてであった。

ある夜のこと。遠くからバイクの爆音が聞こえた。しばらくしてインターフォンが鳴った。外に出てみるとタイキとニイサンが、「バイクを見せに来たよ」と立っていた。大きいバイクが二台並んでいた。「へぇ、かっこいいやん」と言うと、「こっちは俺ので、あっちがタイキの連れのん」とニイサンが説明してくれた。「遠くからすごい音が聞こえてたけど、あれはお前たち？」と尋ねると、「間違いない」と笑って、「まだ行くところあるから行くね」と二人はバイクを押し始めた。「エンジンかけたらいいやん」と言うと、「近所迷惑になるから」と猛ダッシュでバイクを押しながら走って行った。

角を曲がり見えなくなり、しばらくして爆音が聞こえてきた。家まで乗りつけなかったから音が聞こえなかったのだろう。「あいつらもあいつらなりに気を使っているのだな。でも我が家以外はかなりの迷惑やな」と笑えた。

六月に入り、またシンヤが深夜にバイクで走り回るようになり、学校へ来なくなった。たびたび繰り返すので、元を絶たなければダメだなと思い、私は思い切った行動を取ることにした。

ある夜、「ちょっと連れて行ってほしい」と妻に頼み、車を出してもらった。「どこへ行くの?」、「ちょっと暴走族狩りに行く」、「えっ、どう言うこと?」、「まあ、行けば分かるよ」と私。車を十五分ほど走らせたところにあるコンビニまで連れて行ってもらった。そこには、五〜六台のバイクと十人ぐらいの少年たちが集まっていた。我が家の自動車はワゴン車で、後部座席のドアはスライド式であった。私は助手席に乗っていた。

コンビニの駐車場に止めたバイクに跨っているシンヤを見つけた。私は、窓から頭を突き出し、「おいシンヤ、早く乗れ」と後部座席のドアをスライドさせた。「えっ、しげき兄ちゃん?」と驚いていた。「えっ、どこ行くの?」、「そんなんどこでもいいやん。どうせヒマしてるんやろ。とにかく乗れ」と言うと、シンヤはしぶしぶドアのそばにやって来た。「俺一人?」と言う。よく見ると集団の中に見たことのある子が二、三人ほどいたので、「おい、そこの二人も乗れ」と二人を指さした。

「しげき兄ちゃん言い出したら聞かへんのやから、早く乗れ」とシンヤが言った。「バイクはどうする?」と一人が言った。私が、「その辺に置いとけ。お前らのバイクに手を付けるやつはおらん」と返した。二人はバイクをコンビニの駐車場の端に止め、車に乗ってきた。「よっしゃ、行くで」と発車させた。三人は不安気にじっと前を見つめていた。私は何も言わず、どんどん車を走らせ、山へ山へと向かわせた。シンヤはへんなことにはならないと思っているのか落ち着いていたが、他の二人は、「俺たちどこへ連れて行かれるのだろう」と、不安が増幅していくように感じた。私はますます面白くなり、妻に「もっと山奥のひと気のない所まで行ってや」と言った。

真っ暗な中、「着いたで」と言うと二人は固まっていた。「この電灯持って、あの林に入ってクワガタやカブトムシ取ってきて」と懐中電灯を手渡した。三人とも不意を突かれたようで、キョトンとしていた。「早くして」と言うと、シンヤが「みんな行くで」と二人を引っ張るようにして車を降りて行った。「よろしく」と彼らの背中に声を掛けた。

三十分ほど経過しただろうか、三人が戻って来た。「しげき兄ちゃん、何も取れなかったよ」とシンヤが言った。「しゃあないな。じゃあ、帰ろうか」と車に乗せて走り出した。「暴走しているんやったら、また行くで」と笑った。彼らをコンビニまで送り、「もう今日は走らんと帰りや」と言って別れた。

翌日、シンヤが登校してきた。「昨日、どこへ連れて行かれるのかって、二人がめっちゃビビッてたよ。俺、カブトムシいっぱい取れるところ知ってるから、また行こう」と言った。その日以降、時々、私がそのコンビニの前を通ると、「カブトムシのおっちゃんがきた」と集まっている少年たちは慌てて散って行った。

クラスで、「カブトムシを取りに行きたい」という声が聞こえるようになった。サクライが運転免許を取得したので、ドライブがてらにカブトムシを取りに行こうということになった。まずはシンヤ、ニイサン、サクライの三人とで行くことになった。夜八時頃、三人が我が家にやって来た。私の三人の息子たちも一緒に行くことになった。出発したもののサクライの運転はおせじにもうまいとは言えない。急発進、急停車は当たり前、コンビニへ立ち寄ったときにはドアに突っ込みそうになった。「サクライ君の運転、怖い」と息子たちも言った。免許取得して一か月であった。

サクライは、「あんまり慣れてないからや。じきに慣れるから」と笑っていた。とにかくシンヤの案内でカブトムシが取れるという場所へ向かった。そこでは二、三匹取れた。次はニイサンの案内で隣町の林へ向かった。私は後部座席に乗っていた。「さっきはジェットコースターに乗っているようや」と子どもたちが言った。今はスムースに動いているように感じた。よく見ると、ニイサンがハンドルを握っていた。「えっ、お前、無免許やろ」と言うと、「サクライの運転、怖い」と答えた。確かにサクライよりずっとうまい。無免許運転の常習犯であったのだ。しかし、この日ばかりは私はそれ以上何も言わなかった。

これ以降、クラスの子たちが、「カブトムシ行こう」と我が家に集まって来るようになった。当時、運転免許を持つのはサクライだけであったので、彼は『カブトムシ狩り』には必ず参加することになった。

ある晩、ミヤジ、ユウ、サクライで行くこととなった。私たちはシンヤが教えてくれた場所へ向かった。しかし、ユウとミヤジはカブトムシを触ることができない。「カブトムシ気持ち悪い」、「怖い」などと言う。「お前らなにしに来たんや？」と尋ねると、「面白そうやったから」と答えた。

この日は少し遅くなったので、ミヤジとサクライを送り、大阪市内から来た女の子のユウを我が家に泊めることにした。ユウは何度か我が家に来ているが、泊まったのは初めてだ。我が家に着いたのは深夜〇時を過ぎていたように思う。なんとなく妻が不機嫌であるように感じた。「ユウ、先に風呂入れ。そして、パンツぐらいは履き替え、このスエットに着替えり」と言った。ユウが入浴中、妻にユウを泊めた理由と、新品の妻のパンツをあげたことなどを伝えた。これまでもたびたび生徒を泊めていたので、了承してくれると思いこんでいた。ところが、大声で「あなたは、なぜいつもそんなにいい加減なの！

もう我慢の限界！」と怒りを爆発させた。私は何も言うことができず、リビングに降りた。風呂から上がったユウに、「嫁は今、めっちゃ怒ってる。たぶん許可なくパンツをあげたからや。悪いけど謝ってきてや」と頼んだ。

あんなに怒った妻を見たのは初めてである。俺にはこの怒りを収めるのは無理だと思った。ユウは、「えー、怖いな。大丈夫かな」と不安いっぱいな様子であったが、「お前には怒らないよ。だから、よろしく」と、妻がいる二階の寝室へ押し出した。すぐに妻の怒りの声が聞こえてきた。「私はユウちゃんに怒ってるんじゃないの。あの人のいい加減さに腹が立つの。明日からテストが始まるのに生徒を連れて深夜までカブトムシを取りに行く教師など見たことがない」と激怒していた。チーン、ユウでも無理か……。ユウが降りてきて言った。「無理やった。めっちゃ怒ってる」、「うん、聞こえてたよ。ありがとう」。私はリビングで眠った。

翌日、妻に学校まで車で送ってもらったが、終始無言で気まずかった。車を降りたユウが、「めっちゃ気まずかったよ。今日帰ってから大丈夫？」と心配されたが、「まあ、なるようにしかならないよ」と返した。その後、妻の怒りは収まったが、どのようにして収めたのか、収まったのかが分からない。この日でカブトムシ狩りに行くことはなくなった。後に、妻の怒りの原因は、「試験期間中にも関わらず生徒を遊びに連れて行く、しかも夜遅くまで。教師という立場を忘れているのか」、「私のタンスの引き出しを許可なく開き、下着のすべてをユウに見せたこと」であると分かった。「うーん、妻が怒るのも当然だな」と深く反省した。ユウは、卒業後もバーベキューやクリスマス、家族旅行にもたびたび参加している。結婚した後も夫と一緒によく我が家に遊びに来る。

4　涙に濡れた拳

二学期に入り、卒業後の進路について考えるようになってきた。大学へ進学を希望する者が二名、残りは就職希望者であった。二名の進学希望者は早々に入学が決まった。大学へは推薦入試を受験して合格したのであった。就職については学校推薦、すでに職業体験から入社が決まっている者、残りは縁故による者など就職先についてもほぼ決まっていった。しかし、数名がどこにも決まっていなかった。この生徒たちについては、自立するための支援が今後も必要だと考えていた。だが学校にはこうした生徒への支援体制がなく、その具体的な方法がないため、卒業後は家庭の方針に任せるしかない。この生徒たちの今後についての課題は残されたままである。彼らは自分がやりたいこともできることについても見つかっていない。どのようにしたら将来と向き合うことができるのか、と考えてはいたが、「困ったことや相談したいことなどがあれば、いつでもおいでや」と伝えることしかできなかった。

学校生活も残り少なくなり、あとはそれぞれが卒業の日をどう迎えるかであった。三十人が一人も欠けることなく卒業できることをみんなで喜んでいた。中には「まだ卒業したくない」、「もっとみんなで楽しみたい」、など卒業を惜しむ声や、「スノボが楽しみ！」と残りの日々も目一杯楽しみたいという声も多く聞かれた。残された行事は、「ソフトボール大会」と「冬の修学旅行・スノーボード」であった。

ソフトボール大会は、全学年のクラス対抗で行うこととなっていた。クラスといっても三年一クラス、二年二クラス、一年二クラスの計五クラスであった。ホームルームで「学校全体が参加する最後の行事となるので、みんなで楽しもう」と私から提案した。なにかを起こせばみんなで楽しめなくなる。「特にバイクでは来ない」と言ってみた。みんなからも、「後輩たちもいるのでバイクはやめよう」と言う声が上がった。学校には駐車場がなく、安全走行指導・バイクの管理などができないのでバイクでの登校は禁止されていた。それでも忠告を無視してバイクで登校する子がいた。このことで先生たちが困っているのを子どもたちは知っていた。

「明日のソフトボール大会ぐらいはバイクで来るのをやめよう」とミヤジが言った。大会で使用する場所は学校から少し離れた二色ノ浜グラウンドであった。ミヤジがこれを言い出したことがとても嬉しかった。ミヤジは「純粋にソフトボールを楽しみたい」と思っていた。

大会当日、珍しく時間にはみんなが集まった。みんなが張り切っているのが伝わってきた。しかし、ツヨシがいなかった。「よーし、優勝するぞ」と試合に臨んだ。ピッチャーはハヤト、セカンドにはシンヤ、センターにはミヤジなどが守備位置に着き、ゲームが始まった。

するとと開始直後、遠くから、ババーン！というバイクの爆音が聞こえてきた。「まさか、あいつ？」という空気にクラスのみんなが包まれた。その瞬間、ミヤジが猛ダッシュで走り出した。それを追い、シンヤが慌てて走り出した。私もシンヤの慌てぶりを見て急いで二人を追った。「ミヤジ、やめろ！」と叫ぶシンヤの声が聞こえた。

私がそこに駆けつけると、バイクの横で横たわる特攻服を身にまとったツヨシを、ミヤジが蹴っていた。それをシンヤが「それ以上するな」と止めていた。「お前、しげきの気持ちわからんのか」と言いながら、横たわるツヨシを蹴っていた。ツヨシは体を縮ませるようにして倒れており、その前に仁王立ちするミヤジ。「ミヤジ、もういい、やめろ」と私も止めた。みんなの声に我を取り戻したのか、ミヤジの動きが止まり、こちらを振り向き、申し訳なさ気に私を見た。

私はツヨシにそっと手を伸ばし引き起こした。「大丈夫か？」と尋ねると、「うん」と小さく頷いた。見る限りではケガはないようであった。私は何も言わずに、シンヤに「後は任せた」と言って、その場をあとにした。と言うか、ミヤジにはなにも言うことができなかった。

その少し後、ミヤジとツヨシが談笑する姿があった。それを見て安心した。シンヤに「さっきはありがとう。ツヨシは大丈夫？」と尋ねると、「うん、どうもなっていないよ。ミヤジも蹴ったらあかんところは蹴ってないよ。でもあれはツヨシが悪い」と答えた。「暴力は肯定できないがミヤジの思いはわかる」という言葉を飲み込み、その場では私の思うことは伝えなかった。

結局、この日はミヤジとシンヤが途中交代したこともあって一回戦で敗退した。ハヤトが「お前たちのおかげで負けたやん」と、ノー天気に言っていた。ハヤトも今日の日を楽しみにしていた一人であった。その後、ツヨシも含めてクラスのみんなでソフトボールを楽しんだ。特攻服を着てバッターボックスに立つツヨシが異様に面白く、みんなにいじられていた。バットにかすりもせずに三振していたのもツヨシらしい姿で、みんなの笑いを誘っていた。「お前、めっちゃへたくそやん。だから、違うことで目立ちたかったんやな」とハヤトが言い、みんなが笑った。「あいつは目立つためには約束なんて忘れてしまうんやな」と笑った。最後はこのクラスらしい終わり方で締めることができて本当に良かった。

後日の総合学習では、私が以前テレビのドキュメンタリー番組を録画したものを鑑賞した。それは、「ガンジー」を取り上げた番組で、フランスにより植民地化されたインドの独立に向けての運動の記録であった。「非暴力運動」と言われるもので、「自由」を求めてのインドの人々の闘いである。武器を持つことなく、内地から海に向けて行進する姿。ただただ歩くだけ。その間、フランスの兵士により銃撃され次々と倒れていく。

それに屈することなく、インドの人たちは歩き続ける。その人数はどんどん増え数百人で始まった行進が何十万人もの行列となった。銃弾を受けながらも行進を続ける。ついにフランスの兵士は打つのを諦め銃口を下した。そして、何十万人もの群衆が海へ到着した。その後インドは独立を勝ち取った。暴力を使わず、武力に勝ったのであった。

この映像をミヤジやツヨシを含めたみんなが見入っていた。映像が終わったあとも誰も声を出すことなくしばらく沈黙が続いた。私は「伝わった」と感じた。あえて何も語らずにこの日の授業を終わった。

数々の暴力を振るってきた者がいる。その逆に暴力を振るわれてきた者もいる。私もその一人である。暴力についてはこれまでもことあるごとに伝える努力をしてきた。暴力を肯定する者はいないが、これを完全に排除できる者もいない。「暴力はアカン」と言いながらも、「やむを得ない暴力もある」と言う生徒も少なくない。暴力については卒業の日を迎える前に、再度伝えたいと思った。

高校生活最後となる冬休みを迎えようとしていた。そんなある日の帰りのホームルームで、「最後の休み、いっぱい楽しみたい。働き出したらこんなに長い休みはないからな」

という声が聞こえた。

そんな中「今年も平和で良かった」と誰かが言った。私が、「みんなにとって平和って何？」と尋ねてみた。「戦争がないこと」、「安全に暮らせること」などという意見が多くを占めた。「じゃあ、みんなは戦争がないだけで幸せ？」と返してみた。「戦争がないことは絶対やけどそれだけでは幸せにはなれないよ」。「じゃあ幸せになるためには他になにが必要？」と尋ねてみた。「お金」、「健康」、「愛」、「恋人」、「争いがない」、「うまい飯」などが出た。「じゃあ、幸せはどうやって作る？」と返してみた。「金持ちになる」、「周りから大切にされる」、「誰ともケンカしない」などの声が上がった。

そこで「幸せを奪おうとする奴が出てきたらどうする？」に対し、「そいつは殺す」、「戦う」などと答えた。「暴力で幸せが得られる？」には、「守るためには仕方ないやん」と言う者が多かった。「自分を守るために仕方がなくやったことも暴力？」と尋ねると、今まで黙っていたユズが「それは暴力ではなく、防御や」と言った。私は、「自分や大切な人を守るためにしたことは暴力ではなく防御、それ以外に使ったものは暴力。それが大きくなると戦争になる」とまとめた。みんなの成長を実感する瞬間であった。

最後に「日本国憲法第九条」を読み上げてこの日を終えようとしたとき、誰かの携帯からアンパンマンのテーマソングが聞こえてきた。

♪　そうだ うれしいんだ　生きる よろこび

それはなぜか、みんなの心に染み入った。みんなだまって聞いていた。

5　卒業の日

三学期に入り、いよいよ卒業を実感し始めた。何をするに付けても「高校生活最後」と言いながら取り組むようになった。授業はもとより、その日の会話、試験など冗談を交えながらも噛みしめるように過ごしている。そして、最後の大きな行事「スノーボード修学旅行」の日を迎えることとなった。ところが、最も楽しみにしていたハヤトが、個人で出場したハーフパイプの大会で転倒して骨折した。「腕を骨折しただけで足は元気やから、俺は行く」と言っていたが、医師からストップがかかったので行くことができなくなった。彼はもちろんのこと、彼のワザを見るのを楽しみにしていたみんなも、とても残念がっていた。私も行かせてあげたかったが、ドクターストップでは仕方がない。「ハヤト、土産買ってきてあげるから留守番よろしく」と言い残し、出発した。

私たちは、兵庫県北部のスキー場へ向かった。バスへ乗り込み三時間、スキー場に着いた。昼食後、さっそくウエアーに着替えゲレンデに出た。シンヤとユウサクの二人を除き、他は未経験者。インストラクターに加え、二人にも手伝ってもらいボードの装着から教えてもらった。

「さあ、行くぞ」とサクライが言い、リフトへ向かおうとした。「おいおい、まだ何も教えてもらってないやん」と私が静止すると、「こんなん滑って覚えていくんや。勢いで頑張る」と多くがリフトに向かった。「まあ、止めようもないか」と、スノーボード教室に参加する子を残し、私も同行した。私は、スキーの経験があったので、スキー板を装着してリフトに乗った。リフトに乗るのが初めてという子も多く、大騒ぎであった。

「これでどのようにして滑るのか」と心配した。リフトで山の中腹まで行き、いよいよスタート。「さあ、行くぞ」とサクライが勢いよくスタートした。五メートルも進まないうちに転倒。みんな大笑い。立ち上がり、再び発進、また転倒。これを何度も繰り返し、ようやく元の場所へ。他の人たちも同じように何度も転倒しながら降りた。「なめとったわ。以外に難しい」と言いながらも再びリフトに乗っていた。

その集団にコーチ役としてシンヤも同行した。何度か上り下りを繰り返すうちにみるみる上達していった。「無鉄砲も時には役にたつのやな」と笑った。二時間もするとみんなスイスイと滑ることができていた。

一日目の午後、二日目は丸一日、三日目は午前と三日間、スノーボード漬けであった。夜は疲れて寝るだろうと思っていた。ところが、「これが最後の行事。このメンバーで来るのがこれで最後。みんなで盛り上がるで」とサクライが言った。みんなも「オー」と返した。「えっ、寝てくれよ」と言うと、ケンタが「こいつらにそんなこと求めても無理やで」と笑っていた。まったくその通りであった。「ああ、また寝不足かあ」と諦めた。

結局、沖縄のときと同じで私の部屋へ入れ替わり立ち替わり誰かが来て、ほとんど眠れなかった。ただ、三年間を振り返り語り合えたのは嬉しかった。「この学校に来て良かった」、「楽しかった」、「みんなと出会えて良かった」など嬉しい言葉が並んだ。様々な「やらかしたこと」を振り返り笑うことも多かった。

あっと言う間の三日間、私たちは、また新しい思い出を胸に帰路についた。「めっちゃ疲れたが、楽しかった」。

二月に入り、カズが「相談がある」と言って来た。「俺、ユウサクにいじめられている。なんとかしてほしい」と行った。「えっ、いじめ？　そんなことあるの？」とショックであった。「暴力は受けていないが、嫌なことを言われてからかわれる」と悩んでいる様子であった。私には「そんなことで」と思うようなこともあったが、カズが嫌だと感じているのなら、いじめられていると捉えなければならないと思い、ユウサクと話すことにした。

翌日、ユウサクと応接室で話した。「カズがお前にいじめられていると言う。暴力はないんやけど嫌なことを言われ、からかわれる」とカズの言っていたことをそのまま伝えた。「えっ、そんなことで、『いじめ』って言われるの？　そんなんやったらあいつとしゃべられへんわ」と少し怒り口調で答えた。彼はあまり目立ったことはしないが、地元では少し名の通ったヤンキーであった。彼は、「これまでいじめをしたことがない。ひどいいじめもたくさん見てきた。これはいじめではない」と言い張る。まったくいじめたという自覚はない。

「でもな、相手がいじめと感じたら、それはいじめとなることもある」と言うと、興奮したように立ち上がり、「そんなん知らん」と言った。私も立ち上がり、「話を聞いているだけで怒っているわけじゃないで。言い方が悪かったなら謝るから、まあ落ち着いて座れ」とユウサクの肩をそっと抑えた。ユウサクのこのような姿を見たのは初めてであった。

　私は、担任と生徒という関係だけではなく、生徒たちとは人として向き合ってきた。ユウサクとも様々のことについて語り合ってきた。そのような関係があったので、すぐに表情が少し緩むのを感じた。ユウサクはゆっくりと座った。「まあ、そう怒らんと落ち着いて聞いてや。とにかくカズはユウサクが思うより強くないと思う。とにかく相手がしてほしくないことはしたらあかんのやで。だから、やめてあげてや」と頼んだ。「分かった、もうやらん」と不承不承ながらも、「しげきが言うのなら聞いておくか」という感じで思いを抑えて自分を納得させたように感じた。その後は、そのようなことがなくなったようで、「もう何もないよ、ユウサクも優しくなった」とカズが喜んでいた。どこまで私の思いがユウサクに伝わったか分からないが、心の中に少しでも残っていることを願った。

これまでいろんなことがあった。生徒たちにはいつも振り回されて来た。そのたびにみんなで笑い飛ばして乗り切ってきた。「その場では分からなくともいつか分かる日がくる」と信じて歩くしかなかった。道の真ん中は子どもたちに譲り、私たちはそばで伴走してきた。ある時から「間違いを起こさないようにさせる」のでなく、「子どもたちには間違いを起こす権利がある」と考えるようになった。「追う」ことよりも、信じて「待つ」ことの大切さを知った。私たちが思う「幸せ」を押し付けない。人それぞれ「幸せの形」は違うのだから、自分の形にこだわり歩めばいい。それを支えるのが私たちの使命だ。

このようなことをこの三年間で生徒たちから学んだ。暴力については、「すべてを否定する」というところには至らなかった。「男は強くなくてはならない」という考え方が根強く残るこの地域の文化も影響していると感じる。「血気盛んな祭文化」は若者たちの「度胸」と「根性」を試す。常に「力強さ」が求められる。真の「強さ」や「正義」を見失うことも少なくない。これは子どもたちだけの問題ではなく、大人も含めて地域全体で考えなければならないと考えている。

様々なことに想いを巡らせながら、卒業の日を迎えることとなった。

引きこもっていたマサがバイクの免許を取得し、バイトもするようになった。トヨシは三年間、仕事と学業を見事に両立させた。メイは卒業前に父が亡くなったが、お腹に新しい命がやどり、夫となるユズとの生活が始まる。ノゾミはすぐに恋に陥ってしまうのが心配ではあるが、少しは「見る目」ができたので素敵な出会いがあることを願う。ケンタとユウジは同じ大学へ進学する。ギンタが開式前にやって来て、絞り出すようにして私に「ありがとう」と言ってくれた。三年間で彼から聞けた初めての言葉であった。心にしみる贈り物をもらった。競艇には行かず、学校を選んでくれるようになったコム。恋が実らず残念だったスミコ。野球部で活躍した少し真面目過ぎるコヤマ。あまり行事には参加しないニシはソフトボール大会でキャッチャーをしてみんなを驚かせた。卒業後の進路について悩んでなかなか決めきれなかったナカタニ。みんなが卒業して行く。

式の答辞をユウが努める。「泣いて読めなくなる」と心配していたが、「その時はミヤジが助けてくれる」と私が無責任に笑った。「そんなん無理や」とミヤジが答えた。後でそっと、「ユウが読めなくなったら前に出て代わりに読んでほしい」と頼んでおいた。しかし、涙に詰まりながらも一人で読み切った。式は粛々と進行し終了した。

みんなの心にはみんなで過ごした三年間が深く刻まれたことであろう。式終了後、みんなから胴上げのプレゼントをもらった。心から「ありがとう」を贈りたい。

では、私にとってこの三年間はどうであったのであろうか。大学で学んだことや彼らと出会う前までの教師の経験はなんの役にも立たなかったように思う。それよりも「人として悩み歩んだ人生」の方が彼らと過ごすためには必要であったと感じる。教師として身につけた知識と指導者意識は、彼らとの距離を遠ざけるだけであった。先入観を持たず、今求めること、求めたいことを出し合い、「今」をどう作るかについて一緒に考えることの大切さを知った。そんな教師、いや「人」を生徒たちは求めていた。

そのためには、生徒から「信頼」を得ることが大切である。信頼は子どもたちが、少しでも「裏切られた」と感じたら、その瞬間になくなる。信頼は、「築くもの」というより「勝ち取るもの」と考えるようになった。決して自然には生まれてこない。永遠のものではなく、小さな出来事ですぐに消滅してしまう。失敗したと感じたときには、すぐに素直に謝ることが大切。躊躇したり、言い訳は禁物。

このようなことを、私は生徒たちから教えてもらった三年間であった。

おわりに　――今思うこと

・生徒が求める教師

生徒と過ごした三年間は、私の教師観を大きく変えた。教師というラベルがつけば「生徒の前では、教師らしい発言と行動をしなければならない」と考えていたが、「教師である前に、人でありたい」と考えるようになったのだ。

生徒は、「教師しげき」を求めているのではなく、「人間しげき」を求めていることがわかった。それは私に限らず、すべての教師への子どもたちの思いであると思う。

また、教師とは「正解を与える人」、「正解まで導く人」であるとも考えていた。それがそうではなく「一緒に考え悩む人」だと考えが変わった。いつも正解が導き出せるものばかりではない。教師によって言うことが異なる場合だってある。やってみなければ分からないこともある。参考意見しか言えないこともある。私は生徒の「指導者」ではなく、「寄り添える人」になりたいと考えるようになった。

・優しさと繋がりを求めて

この学校へ入学してくる生徒の多くが、他人と比較され、できない部分を指摘され、その克服を強く求められてきた。不得手の克服は苦しく難しい。得意なことはどこまでも追及できるし楽しい。これは私たち大人も同じだ。学校生活では、比較と競争が常に隣り合わせにある。そんな中で過ごした子どもたちには何が育つのであろうか。

「俺たち、アホやから」などと言う声をよく耳にしてきた。彼らの中には「劣等生」という言葉が刷りこまれている。比較と競争は「勝者」と「敗者」、「優等生」と「劣等生」

という意識を育て、時には「妬《ねた》み」や「羨《うらや》み」を生み出す。「優しさ」や「思いやり」が育つ時間が置き去りにされてきたと感じる。教師や大人の言うことを聴く子が「良い子」、聴かない子が「悪い子」とされ、個性よりも「平均」や「統制」が重んじられてきた。個人が大切にされることなく、「森を見て木を見ず」状態ではなかったか。

私が求めてきたのは、「競争に勝つための知識と知恵」ではなく、人間が本来持つ「優しさ」と「思いやり」を取り戻すことであった。「人として生きる喜び」は人によって与えられるしかない。「学校で失ったものは、学校で取り戻すしかない」と考えた。小・中学校で不登校となり、学校生活を送ってこられなかった者もいる。その子たちには、「学校に置き忘れてきた忘れ物をこの学校で取り戻してほしい」と思った。

そのためには、私たちも「素」で生徒たちと向き合うことが大切であると痛感した。彼らに対して「他人と比較しない。もし比較するのなら自らの過去と比較して、自分の成長を実感してほしい」と思うようになった。

・失敗を認め合う関係と環境

失敗することで見えてくることもある。人は失敗を積み重ねて生きていく。私たち教師も間違えることもあれば、失敗することもある。そのときは、それを素直に認め、分かりやすい言葉で「ごめんなさい」と謝ることが大事だ。生徒の前では間違ってはいけないという意識を強く持つと、ごまかしたり言い訳に走ってしまう。失敗を堂々と言えることが大切だと思った。ごまかして取り繕っても、生徒たちは見抜いているものだ。

私たち教師は子どもたちに、ごまかさず、正直に生きることを求めた。だから、私たちも、間違いを認めて正直に生きることにした。そこから、間違うことへの不安はなくなった。ごまかすことが不信感を生み、非を認め、謝ることが安心感と信頼を生み出すことを教えられた。これは教師に限らず、すべての人に言える。こんな単純なことをこれまで見失っていたように思う。

では、失敗や間違いを許せる環境が、学校というところにあるのだろうか。多くは、許容の範囲を、校則などの規則で決めている。「内容によっては処分される」のである。そうであるなら、生徒は失敗を隠したくなる。これは自然な意識であろう。もし、「どのようなことを起こしても、処分はしない」としたら、子どもたちは教師に真実を話すだろう。この関係を妨げてきたのは「校則」であることに気づいた。

本書にあるように、失敗して事件になってしまったり、逮捕されたり時には少年院に入ってしまっても、私たちは処分しない。間違えても失敗してもやり直せる。このことは、三年間を生徒と共に過ごす中で、私たちの中に確信となった。

・楽しく働くために

生徒たちの喜怒哀楽と共に過ごす時間を「仕事」と捉えるのではなく、それを「やりがい」と感じられないと苦しくなる。私たちは起こることのすべてを一人では抱えられない。みんなで抱え合うことができる関係と環境が必要である。自分では難しいと感じたらすぐに誰かに頼れる関係が必要であり、その環境がなくてはいけない。誰にでも得手不得手はある。相談できる環境がなければ子どもたちが置き去りになる。関わる教師によって助からない生徒を生んではならない。他の先生に委ねる場合もあるし、経験ある教師からアドバイスを受けることもある。こんな単純なことが過去にはできていなかった。

それは、私たちが管理職から「教師としての力量」を強く求められ、「できない」や「助けて」などを言えなかったからである。これは私たちにとっても生徒たちにとっても不幸なことであった。

過去に解雇問題により、教職員が分断されたことがあった。教職員が信頼し合えていない状態では、生徒たちが安心して教師に相談できるはずはなかった。常に冗談を言い合い、仲良くしている職員室なら、生徒も入ってみようと思うはず。私たち教職員がフレンドリーな関係づくりを大切に考えるようになった。そして、生徒を巻き込み、時には保護者も一緒に、冗談を言い合い笑い合った。この時に培われた「冗談力」は二〇〇二年に新設された高校へと受け継がれている。

・こんな学校であってほしい

「学校はどんなところであればいいのか」について、私は考え続けてきた。「教科科目の学習なら一人でもできる。学校で学ぶ意味は何だろうか。知識を詰め込み、成果を上げることを求め過ぎてはいないだろうか。学校で過ごす楽しさとはなんだろうか。そして、「校則は、生徒たちと私たちの自由な発想を妨げてはいないだろうか」とも考えた。

これからもそれを考え続けることが、私たちの仕事でもあるように思う。

最近、パソコンや携帯電話などに依存している人が急増しているように感じる。学校でそれらを教材教具の一つとして活用するのは良いが、それに頼り過ぎてはいないだろうか。学校は、「人間の五感を使い学び合うところ」「見て聞いて感じて、そして共感し合うことを生み出す」ということを忘れないでいてほしい。

人間の個性は生まれながらにして身についているものではない。成長の過程で培われていくものだ。「個性の育成」に対して、教育は重要な役割を担っている。本書に書いた三年間は、改めて学校の役割について考えさせられた時であった。

学校には教科科目の学習より大切なことがあった。他の人と共存するためには、「我慢を持ち寄る」ということも時には必要である。「他人のために、今の自分なら何ができるのか」などを考えたくなるような関係と環境を、学校では大切にしてほしい。つまらない競争をあおらないでほしい。点数で将来を計らないでほしい。無意味な規則で縛らないでほしい。これらは私の願いである。「豊かな個性」の習得は学校でしか得られないこともある。学校は、優しさと繋がりで満ち溢れていてほしいと願う。

私がこのように考えられるようになったのは、これまで生きてきたすべての経験があったからだと思う。私は、数々の失敗を積み重ねて、今の自分と出会えた。「人」として生きることを忘れていた時代もあった。十八歳のとき、将来は失明すると医者から宣言され、絶望して暴力団へ加入した。しかし、四歳の盲目の少女との出会いがあり、生き方を一八〇度変えた。教師になったが解雇、盲学校への入学、借金による破綻、学校廃校の危機などを経験した。

嵐のような日々であったが、その後に、本書に書いたこの学校で子どもたちと過ごして行く中、現在の自分と出会っている。今、私の目は視力を失っている。

ここまでの私の日々については、『光に向かって爆走人生　―昔裏社会　今校長―』(高校校長 しげき著・新科学出版社)に書き記しました。ぜひ、この著書もあわせてお読みいただきたいと願います。

なお、最後になりましたが、この三年間を本にまとめていることを伝えたところ、嬉しいことに卒業生四人がイラストを描いてくれました。それぞれが力作で、表紙カバーや本文中のカットに使用させてもらいました。野田舞さん、杉原晴香さん、大城晴也さん、赤﨑彩華さん、おかげで素晴らしい本が完成しました。こころから感謝します。「ありがとう」。

二〇二四年　六月

西村重樹

※本書の登場人物は全て仮名です。

西村　重樹（にしむら　しげき）

1958 年 4 月大阪府和泉市で生まれる。
18 際のときに医師より目の病気で将来は失明することを宣告される。
自暴自棄になり、裏社会に足を踏み入れるが、盲目の幼い少女との出会いで人生を変えることを決意し、教師を目指す。

1985 年公立中学校の講師に、1987 年専門学校教師となる。2002 年秋桜高等学校教師、2016 年～ 2023 年同校校長。

この間、視力は弱まり、2020 年には視力を失った。

著書『光に向かって爆走人生！　―昔裏社会、今校長―』（新科学出版社）

失敗《しっぱい》してもええやん！

2024 年 7 月 20 日発行 ©

著　者　**西村重樹**

発行者　**武田みる**

発行所　**新科学出版社**

（営業・編集）〒 169-0073　東京都新宿区百人町 1-17-14-21
TEL：03-5337-7911　FAX：03-5337-7912
E メール：sinkagaku@vega.ocn.ne.jp
ホームページ：https://shinkagaku.com/
印刷・製本：株式会社シナノ パブリッシング プレス

ISBN 978-4-915143-74-8　C0037
Printed in Japan